W0316439

LIES MICH!
Ich bin ein
gerettetes Buch.

www.nachhaltig-in-graz.at

Big Five

Afrikas Giganten

Löwen
Elefanten
Nashörner
Leoparden
Büffel

Tecklenborg

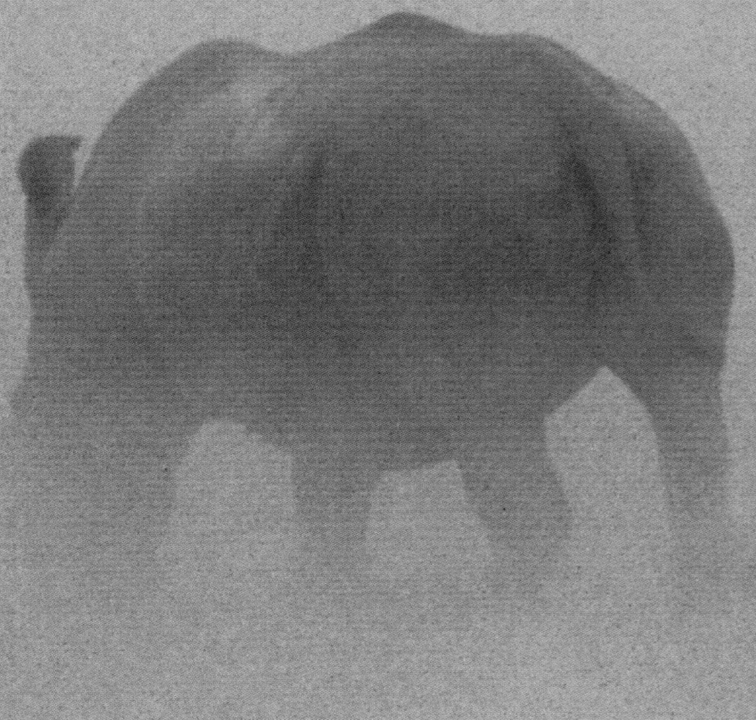

Der Inhalt dieses Buches wurde auf Papier
mit chlorfrei gebleichtem Zellstoff gedruckt.
Das Einbandmaterial ist recyclebar.

Die Deutsche Bibliothek – CIP Einheitsaufnahme

Big Five, Afrikas Giganten
Dr. Horst Hagen
Steinfurt, Tecklenborg Verlag, 2003
ISBN 3-934427-20-0
NE: Hagen, Horst

1. Auflage 2003
© 2003 by Tecklenborg Verlag
Siemensstraße 4, D-48565 Steinfurt

Layout: Jan Tölle
Redaktion und Lektorat: Stefanie Tecklenborg
Gesamtherstellung: Druckhaus Tecklenborg, Steinfurt

Das Werk einschließlich aller seiner Teile ist urheberrechtlich geschützt.
Jede Verwertung außerhalb des Urheberrechtsgesetzes ist ohne Zustimmung
des Verlages unzulässig und strafbar. Das gilt insbesondere für
Vervielfältigungen, Übersetzungen, Mikroverfilmungen sowie die
Einspeicherung und Verarbeitung in elektronischen Systemen.

Verlag und Autor garantieren, dass
es sich bei den Fotografien in diesem
Werk um Originalaufnahmen handelt,
die nicht digital verändert wurden.

ISBN 3-934427-20-0

Inhalt

4 Impressum
9 Gedanken zur Großwildjagd
10 Afrikas Giganten
12 Elefanten
44 Büffel
66 Löwen
112 Leoparden
140 Nashörner

Gedanken zur Großwildjagd

Die Zusammenfassung von fünf wehrhaften Großtieren als „Big Five" steht in einem unlösbaren Zusammenhang mit ihrer Bejagung.
Anfangs war das Motiv dafür eine Form der Machtdemonstration. Kolonialherren töteten diese Tiere zur Steigerung ihres Prestiges als überlegene „Rasse". Herrschaftsansprüche über die Kolonien sollten unter Einsatz von Pulver und Blei anschaulich gemacht werden. Außer den Kolonialoffizieren nahmen aus reiner Waidmannslust auch andere Mächtige wie der amerikanische Präsident Theodore Roosevelt, der britische Prince Albert oder der reiche, hochadelige Gründer der Pfadfinderbewegung Sir Robert Stephen Smith Baden-Powell an diesem Vergnügen teil. Hemingway hat der Großwildjagd ein literarisches Denkmal gesetzt, Ortega y Gasset gab der Großwildjagd den philosophischen Hintergrund. Nach der Entkolonialisierung und einer Umschichtung unserer Gesellschaft mit Ende des 1. Weltkrieges entfielen die Triebkräfte dieser Gesellschaftsschichten.
Der heutigen Großwildjagd, insbesondere der Jagd auf unsere Big Five, haftet immer noch ein bemerkenswerter Hauch von Exklusivität und Reichtum an. Freilich stützt sie sich auf andere Motive.
Aus Sicht der Regierungen der afrikanischen Jagdländer geht es um Profit, den die Abschussgebühren den armen Nationen bringen. Ein paar Arbeitsplätze in Jagdgebieten sind der lokalen Bevölkerung durchaus willkommen. Nicht alle Regierungen der freien afrikanischen Länder stimmen allerdings den Abschüssen der in manchen Gebieten schon recht selten gewordenen Großtieren zu. Einerseits betrachten sie die jagdbaren Großtiere als nationales Erbe ihrer Vorfahren und hüten sie wie ein Vermächtnis. Andererseits nehmen sie es mit den internationalen Gesetzen zum Schutze bedrohter Tierarten ernst. Immerhin sind ja die beiden Nashornarten, der Leopard und der Elefant anerkannt bedrohte Arten. Die Bestände der Löwen sinken in vielen Teilen Afrikas teilweise so deutlich, dass es um das Überleben dieser Art nicht besonders rosig aussieht.
Aus der Perspektive der Großwildjäger geht es um andere Zusammenhänge. Dazu gehört die Freude der Großwildjäger an ihrem Waidwerken in einer ihnen oft fremden, exotischen Natur. Diese Haltung zur Großwildjagd ist in unserer heutigen Zeit vielen Menschen nicht nacherlebbar. Diskussionen zwischen Jägern und Nichtjägern darüber sind fruchtlos. Eine Gruppe ist voreingenommen gegen die andere. Andererseits ist die Großwildjagd ein besonderes Ereignis in unserer auf Reize und Erlebnisse bedachten modernen Welt. Jenseits aller Jagdfreude steigert allein die Teilnahme an einer Großwildjagd schon das persönliche Prestige dessen, der sich dies teure Vergnügen leisten kann.
Der Kontrapunkt zu den verschiedenen Formen der Großwildjagd ist der Fototourismus. Ihm kommt es auf die Begegnung mit lebenden Tieren an. In gewissem Sinne sind nämlich gelungene Fotografien auch Trophäen. Das gilt vor allem, wenn sie unter besonderen Schwierigkeiten und unter der Jagd vergleichbaren Strapazen zu Stande gebracht wurden. Freilich kann man Bilder nicht wie eine dreidimensionale Trophäe an die Wand hängen, aber im Album wirken sie auch als repräsentative Zeugnisse der Ausübung eines kostspieligen Hobbys.
Für die Big Five waren und sind die Motive für ihre Bejagung unerheblich. Sie wollen ungestört ihr Leben führen, wie es ihnen artgemäß von der Schöpfung geschenkt wurde. Dieses Recht auf Leben halten wir für unanfechtbar. Ohne vernünftigen Grund ist das Töten von Tieren nach dem Deutschen Tierschutzgesetz verboten. Die Definition der Vernunft ist – wie in den meisten Bereichen unseres Lebens – auch für jagdliches Töten nicht festgelegt.

Afrikas Giganten

Unter den vielen Tieren Afrikas genießen die so genannten Big Five bei uns Europäern einen legendären Ruf: Der majestätische Löwe, der kraftvolle Büffel, der elegante Leopard, das urige Nashorn und der mächtige Elefant.
Für die Kolonialherren galt die Jagd auf diese großen wehrhaften Tiere als ein Mittel der Machtausübung über die von ihnen beherrschten Völker. Die Kolonialzeiten sind vergangen, die Big Five überlebten – wenn ihnen auch vielerorts der Lebensraum vom Menschen genommen wird. Nur ein paar Trophäenjäger schießen auf die faszinierenden großen Fünf. Ihr Wert hat sich für uns verändert. Viele kommen als Touristen nach Afrika, um dort die Pracht der Natur zu genießen. 'Schießen' wollen sie nur ein paar Fotos fürs Album. Afrikas Tiere stehen nicht auf dem Präsentierteller bereit, man muss sie schon suchen. Hat der Besucher sie gefunden, geschieht wenig von dem, was ihm das Fernsehen täglich vorflimmert. Nicht das Außergewöhnliche beherrscht den Alltag in Natur und Tierwelt, sondern Ruhe, Harmonie und Berechenbarkeit.
Die instruktiven Fotos und korrekten Texte dieses Buches geben da ein realistischeres Bild von Afrikas Natur. Die Beschäftigung mit den Big Five kann die Großartigkeit unserer Natur deutlich machen, und einen Kontrapunkt zu unserer hektischen Welt darstellen.
Die Big Five imponieren uns durch ganz bestimmte Eigenschaften und Fähigkeiten, von denen manche Menschen neidvoll träumen.
Es scheint uns so, als lebten diese Großtierarten völlig frei von Sorgen. Sie sind wehrhaft und viele meinen, sie hätten – außer uns Menschen – keine Feinde. Auf den ersten Blick führt man ihr scheinbar großartiges Leben auf ihre Stärke zurück. Dabei werden Klauen, Zähne, Hörner, Stoßzähne und Kraft nur selten zu direkter körperlicher Verteidigung eingesetzt. Die Natur aber hält für ihre Lebewesen nicht nur Feinde als Gefahren bereit. Mangel an Nahrung, Wasser und Lebensraum sind oft viel größere Bedrohungen des Überlebens in der Natur. Auch ein aggressiver Wettbewerb um diese Ressourcen kann das Leben schwer machen. Parasiten und Krankheiten, Unfälle und Klimakatastrophen können den Big Five gewaltig zu schaffen machen. Deshalb sind vorsichtige Lebensweise mit ständiger Bereitschaft zur Flucht und konsequente Vermeidung aller möglichen Gefahren oft viel wichtiger als körperliche Stärke und Verteidigungswaffen. Tatsächlich leben die Big Five denn auch keineswegs sorgloser als andere Geschöpfe. Sie kennen – wie alle übrigen Tierarten – zwar weder Verstörungen, die aus dem Unterbewußtsein kommen, noch jene vielfältigen Ängste, die uns Menschen oft ein ganzes Leben lang begleiten. Sicher aber gibt es bei Tieren – auch bei den Big Five – so etwas wie Furcht. Wenn Tiere ihre angeborenen oder erlernten lebensbewahrenden Verhaltensweisen einsetzen, geschieht das ohne Angst. Sind wir Menschen neidisch auf sie? Stört es unser menschliches Selbstwertgefühl, unsere Selbstgefälligkeit, dass die Big Five uns in manchen Fähigkeiten so überlegen erscheinen? Insgeheim möchte manch ein Mensch wehrhaft wie ein Löwe sein, stark wie ein Büffel oder geschmeidig wie ein Leopard. Viele wünschen sich die Ausgeglichenheit, die ihnen der Anblick eines Nashorns vermittelt. Wer würde nicht gern so viel Selbstsicherheit besitzen, wie sie ein Elefant ausstrahlt? So ranken sich um die Großen Fünf allerlei Mythen, Legenden und Parabeln, in denen sich Neid und Bewunderung mischen.
Auch aktuelle Begegnungen oder nur geschilderte Erlebnisse mit ihnen fordern uns Bewunderung ab. Viele von uns hegen – ohne Neid – nur Zuneigung zu den Big Five und zur Natur, die sie hervorgebracht hat.
Für Menschen, die nicht das Glück haben, den Big Five in ihrem Lebensraum unmittelbar in die Augen sehen zu können, sie zu riechen oder zu hören, bieten wir in diesem Buch Bilder der welt-

besten Fotografen und wir berichten über unsere eigene Sichtweise der Big Five.
Wir Menschen können unser eigenes Leben, unser Handeln, unser Unterlassen, unsere Motivation zur Bewältigung des Daseins am Leben der Tiere relativieren. Die Großen Fünf stehen uns dafür besonders oft Modell. Einerseits sind über sie viele Einzelheiten recht gut bekannt, andererseits bieten sie sehr unterschiedliche Beispiele für die Art und Weise, mit den verschiedenen Herausforderungen des Lebens fertig zu werden.
Alle Tierarten haben ihre besonderen Formen des Zusammenlebens entwickelt. Von Art zu Art verfügen sie über sehr unterschiedliche Strategien zum langfristigen (Über-) Leben. Das gilt sowohl für das Erbgut eines Einzeltieres, als auch für ihre gesamte Art. Alle verfügen über unterschiedliche Taktiken, um jenseits aller Routine plötzlich eintretende neue Situationen zu bewältigen.
Verhaltensweisen sind nie von einer Tierart auf die andere direkt übertragbar. Wir können auch nicht von tierlichen Eigenschaften auf unsere menschlichen schließen, so sehr sich manche Ähnlichkeiten dazu auch anbieten. Nur mit großer Kritik kann man menschliche Verhaltensweisen dennoch in Bezug zu denen von anderen Tieren setzen. Man denke nur an das Zusammenleben. Auch wir Menschen sind soziale Wesen wie etwa Löwen, Büffel oder Elefanten. Auf sich allein gestellt, müssen diese mit vielen Fährnissen fertig werden, mit denen sie sich als feste Mitglieder ihrer Gruppen nicht auseinanderzusetzen brauchten. Erst in der Gruppe können für geselliges Leben ausgerüstete Individuen alle ihnen innewohnenden Fähigkeiten voll entfalten.
Unter den Big Five gibt es Einzelgänger wie auch sehr gesellig Lebende, Fleisch- wie auch Pflanzenfresser, Ortstreue und Nomaden. Sie alle leben in verschiedenen Lebensräumen Afrikas: in der Savanne, in der Halbwüste, im Sumpf, im Gebirge, im Wald. In manchen Gebieten kommen alle fünf nebeneinander vor.

Unter den Raubtieren sind Leoparden strikte Einzelgänger. Löwen dagegen führen ein sehr geselliges Leben. Ist es nicht erstaunlich, dass diese beiden so nahe verwandten, der gleichen Gattung der Großkatzen (Panthera) angehörenden Raubtiere so völlig unterschiedliche Lebensformen entwickelt haben? Dabei sind viele ihrer Bedürfnisse äußerst ähnlich. Beide Arten leben von Fleisch, teilweise sogar von denselben Beutetierarten.
Von den Pflanzenfressern der Big Five verbringen Nashörner ihr Leben als Einzelgänger oder in Mutter-Kind-Familien. Büffel und Elefanten dagegen leben ausgesprochen gesellig. Viele Strukturen ihres Gruppenlebens und auch die Mittel zu dessen Aufrechterhaltung tragen sehr ähnliche Züge.

Die hier geschilderten unterschiedlichen Lebensstrategien sind Universalien des Lebendigen. Sie gehen uns alle an. Sie zu kennen und zu begreifen, schafft ein Band, das alle Geschöpfe – uns Menschen eingeschlossen – miteinander verbindet. Zugleich überhöht die Kenntnis der biologischen Gesetzmäßigkeiten die Großartigkeit und die Schönheit der mit allen unseren Sinnen erfassten Natur zu einer ehrfürchtigen Bewunderung des Lebendigen auf unserer Erde.

Elefanten, Afrikas sanfte graue Riesen

Sie sind wahrhaftig imponierende Giganten, die gewaltigen Elefanten mit ihren beweglichen Rüsseln, mit den Stoßzähnen, mit ihren Riesenohren und ihrer gewaltigen Körpermasse. Auffällig ist auch ihr Zusammenleben als Mutterfamilie mit Jungen aller Altersgruppen oder als einzelgängerische Bullen, die sich manchmal für einige Zeit mit anderen Junggesellen zusammentun.

Jede Begegnung mit den grauen Riesen ist für uns Menschen ein großes Erlebnis. Werden sie friedlich sein? Ja, eigentlich fast immer. Es sei denn, dass sie schlechte Erfahrungen mit Menschen gemacht haben. So etwas vergessen sie nämlich nicht. Sie geben sogar ihr Wissen an die Nachkommen weiter. Meist aber nehmen sie Menschen in Autos gar nicht zur Kenntnis. Oft genug umringten sie unser Fahrzeug, während sie sich langsam schlendernd weiterhin an Gras oder Laub gütlich taten.

Ihre Rüssel sind bemerkenswerte Universalwerkzeuge. Mit ihnen pflücken sie Gras, ihre Hauptnahrung. Die Erde von den Wurzeln klopfen sie mit dem Rüssel an einem Vorderfuß oder Stein ab. Sie reißen Zweige oder Rinde von Büschen und Bäumen und führen selbst sperrige, mit fingerlangen starken Dornen bewehrte Pflanzenteile behutsam zum Mund. Ihr Speisezettel umfasst mehr als 300 Pflanzenarten. Davon verputzen sie bis zu 5% ihres Eigengewichtes pro Tag. Das können bei fast 6 Tonnen Gewicht eines alten Bullen bis zu 300 kg sein. Nach 12 Stunden fallen die fußballgroßen, unverdaulichen dampfenden Reste am anderen Ende zu Boden. Auch zum Trinken brauchen sie den Rüssel, er wird vollgesogen, und der Inhalt dann genüsslich plätschernd in den Schlund gespritzt. Bei großen Tieren passen über 10 Liter in diesen Schlauch. Bis zu 300
Liter beträgt der tägliche Wasserbedarf.

Was die sanften Grauen sonst noch alles mit dem Rüssel können, ist erstaunlich. Natürlich riechen - schließlich ist ja die Nase am Aufbau des Rüssels maßgeblich beteiligt. Kühe wittern meist mit erhobenem Rüssel, während Bullen mehr in Bodennähe die Luft nach Gerüchen überprüfen. Elefantenbabys lassen sich mit dem Rüssel einen Hang hoch schieben, oder beim Überwinden von Hindernissen helfen. Zärtlichkeiten mit dem Rüssel auszutauschen, eröffnet ungeahnte Möglichkeiten. Jeder Körperteil des Partners wird erreicht! Dem Partner den Rüssel in den Mund zu stecken, ist Zeichen der Beschwichtigung. Freilich ist der Rüssel auch fürs Grobe. Man kann damit schlagen, Hindernisse aus dem Weg räumen, eben mal ein Verkehrszeichen umlegen, einen Baum entwurzeln, einen Halbstarken verprügeln etc.

Die Stoßzähne, übrigens keineswegs Eck-, sondern Schneidezähne, sind ebenfalls vielseitig nutzbar. Mit Ihnen können die Jumbos Bäume entrinden, schwere Lasten heben, Erde nach Mineralien aufgraben, Löcher in ausgetrocknete Flussbetten buddeln, um ans Grundwasser zu gelangen. Bei Rangordnungskämpfen zwischen Bullen dienen die Stoßzähne dazu, die Köpfe nicht aneinander vorbeirutschen zu lassen, wenn durch Stirn-gegen-Stirn-Schieben die Kräfte gemessen werden.

Die riesigen Ohren sind keineswegs Ausdruck für eine gute Hörleistung. Sie dienen vor allem der Wärmeregulation. Bei Angriffen vergrößern sie - imponierend und angsteinflößend abgespreizt - die Silhouette.

Fast mehr noch als die körperlichen Besonderheiten der sanften Riesen fasziniert ihr Familienleben. Dessen Grundlage ist die Mutterfamilie, in der alle Kühe untereinander verwandt sind, als Töchter, Mütter und Großmütter, Geschwister, Cousinen, Tanten. Jungbullen bleiben in Mutters Familie bis sie sexuelle Interessen entwickeln, was im 12. bis 14. Lebensjahr beginnt. Dann müssen sie in die Fremde. Jeweils für ein paar Wochen, selten länger, schließen sie

sich als umherstreunende Halbstarke mit anderen heranwachsenden und erwachsenen Männern locker zusammen. Als Junggesellen müssen sie durch die erwähnten Schiebekämpfe eine feste Rangordnung aufstellen. Die einmal festgelegte Rangordnung erspart für die nächsten Monate erneute Kämpfe etwa um Wegerecht oder Zugang zu Kühen.
Alle paar Monate kommen Elefantenbullen in Musth. Das ist ein hormonal ausgelöster Zustand der Ruhelosigkeit, vor allem der sexuellen Erregung. Dann sickert aus einer Drüse zwischen Auge und Ohr ein stark riechendes Sekret die Wangen herunter, das an der damit berührten Vegetation haften bleibt. Der Penis ist ständig erigiert, oft schmierig-grün belegt. Ständig tröpfelnder Urin legt eine Duftspur, die den Kühen signalisiert, wo ein paarungsbereiter Bulle vorbei gekommen ist, dem manch eine Kuh dann folgt und ihre Familie dabei geradezu mitschleppt. Mit 22 Monaten haben Elefanten eine außerordentlich lange Tragzeit, es wird immer nur ein Kalb geboren. Die Geburt erfolgt im Stehen. Die Kälber trinken mit dem Mund an den beiden Zitzen zwischen den Vorderbeinen, die Babys werden bis zu zwei Jahre lang gestillt.
Interessanterweise haben Elefanten in Ober- und Unterkiefer rechts und links nur je einen großen Backenzahn. Dieser wächst nicht etwa von unten aus dem Kiefer, sondern wird fünfmal im Leben ersetzt und dabei von hinten nachgeschoben.
Elefanten müssen sterben, wenn die letzten Zähne ausgefallen sind, weil sie dann keine Nahrung mehr verwerten können. Für kurze Zeit gelingt ihnen dennoch gelegentlich das Überleben. Sie finden an Ufern von Seen, Flüssen oder in Sümpfen weiche Wasserpflanzen, von denen sie sich eine Zeit lang ernähren können. An solchen Plätzen findet man die Skelette vieler Elefanten, die dort ihre letzten Tage gefristet haben. Das ist der Hintergrund für die Legende der so genannten Elefantenfriedhöfe.

Elefantenherden sind weiblich beherrscht und werden von erfahrenen Kühen geführt. Erwachsene Bullen sind in solchen Herden nicht anzutreffen. Bullen bilden lockere Gruppen oder leben einzelgängerisch. Manche Bullen leben eine gewisse Zeit zusammen, trennen sich wieder und bilden neue, aus anderen Individuen zusammengesetzte Bullenherden.
Bei Elefanten gibt es Spezialisten. Der eine ist besonders geschickt im Umlegen von Bäumen,

deren Blätter gefressen werden, wenn Gras knapp wird. Solch ein Elefant kann dann unter Einsatz großer körperlicher Gewalt oder besonderer Technik auch riesige Bäume fällen.
Das muss keineswegs der stärkste sein, Geschicklichkeit ist auch ein Element, um hohen Rang zu erwerben.
In vielen Elefantengruppen haben wir Tiere gesehen, die die Aufgabe übernommen hatten, Löwen, Hyänen oder gefleckte Katzen zu attackieren. Furios, mit eingerolltem Rüssel, lautem Trompeten und abgespreizten Ohren wetzen solche Verscheucher auf die Raubtiere zu und vertreiben sie. So erwerben sie sich auch Ansehen und Rang. Wieder ein anderes Tier ver-

schafft sich Ansehen, wenn es die Herde zu Wasserstellen führen kann, die in Dürrejahren nicht versiegen. Oft sind dies alte Tiere, die schon früher einmal dort gewesen sind.
Jedes Tier, das der Gemeinschaft auf irgendeine Weise nützlich ist, hat daher von sich aus einen hohen Rang. Freilich gibt es auch Gruppenmitglieder, die nur konsumieren, nur Annehmlichkeiten durch die Einbindung in die Herde in Anspruch nehmen und sich darauf verlassen, beschützt zu werden. Sie werden zu den besten Nahrungsquellen geführt oder lassen einen angezettelten Streit durch ein weises Mitglied schlichten. Solche inaktiven Drückeberger haben im allgemeinen keinen hohen Rang.
Elefanten haben ein sehr kompliziertés Sozialleben. Kern jeglichen Zusammenlebens ist die unmittelbare Familie. Eine Elefantenmutter betreut ihre Jungen zehn bis zwölf Jahre, auch wenn inzwischen weitere Junge geboren werden, bleibt das ältere Geschwister bei der Mutter. Töchter leben zeitlebens in der Familie ihrer Mutter, auch wenn sie selbst bereits Junge haben. Die männlichen Tiere müssen mit zwölf bis vierzehn Jahren die Gruppe verlassen. So wird Inzucht, aber auch Randale in der Gruppe verhindert. Halbstarke Elefanten sind jederzeit zu grobem Unfug bereit. Sie erschrecken die Erwachsenen, rempeln Gleichaltrige, gelegentlich auch Jüngere an, machen Scheinangriffe auf alles Mögliche, was sich ihnen dafür bietet, vom harmlosen Perlhuhn bis zum Touristenfahrzeug.
Mehrere Familien schließen sich zu einer Familiengruppe, einer sogenannten Bond Group zusammen. Mehrere Familiengruppen können sich auch zu einer Herde vereinigen. Die Weibchen solcher Familiengruppen, Gruppen und Herden verhalten sich untereinander recht freundlich und tolerant. Herden spalten sich auf und schließen sich nach Tagen oder Wochen wieder zusammen. Dann gibt es Begrüßungen mit weniger oder großem Hallo. Solche Begegnungen sieht man natürlich heute nicht mehr so oft wie in früheren Zeiten, als es in Afrika noch reichlich Elefanten gab. Immerhin versammeln sich an einer saftigen Wiese in der Nähe eines Sumpfes oder eines Flusses häufiger einzelne Familiengruppen, die dann in einer großen Herde gemeinsam grasen.
Bei Elefanten herrscht ein striktes Matriarchat. Jede Familienmutter ist ranghöher als ihre Nachkommen. In jeder Familiengruppe regiert eine Leitkuh. Oft ist sie eine der ältesten, keineswegs immer die stärkste, aggressivste oder draufgängerischste. Wir haben eine Elefantenkuh in dieser Leitkuhposition gesehen, die nach einem schlecht geheilten Beinbruch mit abgeknicktem Bein humpelnd die Führungsposition unangefochten innehatte. Doch war sie keineswegs die größte in der Gruppe. Den Entscheidungen einer solchen Leitkuh fügen sich auch größere, stärkere Elefanten ohne zu murren.
Bei großen Herden wird es mit der leitenden Funktion schwierig, aber die Leitkühe der einzelnen Familiengruppen einigen sich untereinander. Meist werden in der gesamten Herde die Aktivitäten gleichgeschaltet. So waten etwa alle gemeinsam in den Sumpf, um dort zu fressen. Oder alle dösen in der Mittagsruhe zusammen in einem schattigen Wäldchen. Alle begeben sich vereint auf den Marsch zu einem Futterplatz oder zur Tränke. Wenn keine Einigung zu Stande kommt, trennen sich die Gruppen, ohne dass irgendwelche Tiere sich bemühen, die Herde beisammen zu halten. Sie treffen sich vielleicht nach ein paar Tagen wieder, möglicherweise nach einem halben Jahr.
Eine strikte Disziplin in der Gruppe und absoluter Gehorsam gegenüber der Leitkuh sind machtvolle Mittel des engen Zusammenhaltes einer Weibchengruppe. Einem verletzten, schwachen, zusammengebrochenen Tier wird von allen Familienmitgliedern geholfen. Solche gemeinsamen Aktionen stärken die Bande in der Gruppe.
Bei einer Elefantengeburt ist die Familie dabei, nimmt die gebärende Kuh in die Mitte und schirmt sie gegen alles ab, was von außen eindringen könnte. Dem Neugeborenen helfen Mutter und Tanten auf die Beine. Die Familien-

gruppe wartet, wenn ein Jungelefant bei seinem großen Schlafbedürfnis in den ersten Lebenswochen ruht oder Schwierigkeiten beim Überwinden eines Hindernisses hat. Tote Bäume oder Steigungen kann ein Elefantenbaby oft nur mit der Rüsselhilfe anderer Familienmitglieder überwinden. Beim Warten oder bei zeitaufwendigen Hilfeleistungen gibt es keine Ungeduld.

Auch auf ein verletztes Tier, das dem Marsch der Gruppe aus Schwäche nicht recht folgen kann, wird Rücksicht genommen. Es wird eine Rast eingelegt, bei der sich alle Mitglieder um das schwache Tier kümmern. Auch wenn ein Elefant stirbt, ist er nicht allein. Die Familiengruppe steht um das sterbende Familienmitglied herum, berührt es sanft mit dem Rüssel oder den Vorderbeinen. Solche Familienhelfer versuchen selbst die größten Kolosse mit Stoßzähnen und Rüsseln vorsichtig auf die Beine zu bringen, ohne ungeduldig zu werden, in den Bemühungen nachzulassen, oder aggressiv zu werden.

Über akustische Signale bei Elefanten weiß man erst seit jüngsten Forschungen Bescheid. Die grauen Riesen verständigen sich über große Entfernungen mit tiefen Lauten, die für unser Ohr nicht zu hören sind. Diese kollernden Töne, die jeder hört, der eine Zeit lang bei einer Elefantenherde verweilt, hielt man früher für Rumoren von Magen oder Därmen. Tatsächlich aber werden diese Geräusche aktiv mit dem Kehlkopf erzeugt. Sie haben sehr unterschiedliche Bedeutungen in der Zwiesprache zwischen Elefanten. Auch das Trompeten zählt dazu, es wird auch von anderen Tierarten verstanden, weil es oft auf Gefahren hinweist, die entweder dem Elefanten selbst drohen oder die von ihm ausgehen, wenn er angreift.

Elefantenbullen leben - wie erwähnt - in Junggesellenherden. Im Gegensatz zu den festen Verbänden der Kühe sind diese Bullengruppen nur lockere Zusammenschlüsse. Der Abstand zwischen den einzelnen Mitgliedern der Junggesellengruppe ist viel größer als der in einer Mutter-Kind-Gruppe, bei der sich die einzelnen Tiere häufig gegenseitig berühren, beim Marsch, an der Tränke, bei der Nahrungsaufnahme oder sogar beim Dösen. Bullen haben auch keinen festen Zusammenhalt in ihrer Junggesellenherde. Wir sehen heute eine Herde mit fünf Bullen, morgen sind es sieben und übermorgen nur noch vier. Zwischen einzelnen Bullen gibt es wohl persönliche freundschaftliche Bande, die lange Jahre überdauern. Zwar herrscht unter den Bullen eine Rangordnung, jedoch hat sie nicht annähernd die Bedeutung wie bei anderen Tieren.

Für die Fortpflanzung ist allein entscheidend ob ein Bulle in Musth ist, mag er sich unter den Bullen der Umgebung einen hohen Rang erkämpft haben oder nicht. Auch ein jüngerer, kleiner, schwächlicher Bulle hat - wenn er denn in Musth ist - den Zugang zu allen Weibchen. Den macht ihm auch kein noch so ranghoher starker Bulle streitig. Dennoch kämpfen Bullen außerhalb ihrer Musthperiode sehr häufig um ihre Rangstellung in der Gruppe. Vielleicht geht es um Ansehen oder um einen guten Platz unter dem Schattenbaum. Ranghöhe hilft in der Suhle oder auf dem Staubplatz um den zähesten Matsch oder den puderzuckerfeinsten Staub zu erwischen.

Ernste Kämpfe zwischen Elefanten kommen durchaus vor. Die Zähne dienen dabei - wie erwähnt - eigentlich nur dazu, die Köpfe aneinander zu fixieren. Gestochen wird mit den Zähnen nicht. Tatsächlich wären sie ja - gegen die Flanke des Gegners eingesetzt - absolut tödliche Waffen. Hin und wieder kommt aus Zufall, ohne kämpferische Absicht eine ernste Stichverletzung zustande, die dann nicht selten auch tödlich ausgehen kann. Wenn der Kampf entschieden ist - so ist es bei fast allen Tieren mit Rangkämpfen - herrscht wieder Frieden. Man grast wieder friedlich nebeneinander, respektiert allerdings einander als Sieger oder als Verlierer.

Wenn man unter den Fünf Großen eine Rangfolge der Geselligkeit und der Intensität der persönlichen Bindung aufstellen sollte, rangiert zweifellos der Elefant auf dem einen Ende dieser Skala.

In der eben aufgehenden Morgensonne
ziehen Elefanten in der steinigen Halbwüste
ihrem Futterplatz entgegen.

Abends, im Licht der untergehenden Sonne,
nehmen die Elefanten ein ausgiebiges Bad.

Eingerollter Rüssel und abgespreizte Ohren sind Zeichen der Aggressivität. Auch die auffliegenden Nimmersattstörche fliehen vor einer unbekannten Gefahr.

Die Rückseite der Ohren dieses weniger als ein Jahr alten Elefanten ist noch nicht pigmentiert und dadurch stark sonnenbrandgefährdet.

Die Vertraulichkeit dieser Körperberührung lässt auf einen sehr engen Verwandtschaftsgrad schließen. Auch ältere Jungtiere schmusen bisweilen noch mit ihrer Mutter.

Auf ihre Stoßzähne müssen die jungen Elefanten einige Zeit warten. Erst mit drei Jahren zeigen sich die ersten Ansätze.

Das kostbare Nass ist für die Elefanten lebensnotwendig. Spätestens nach vier Tagen müssen sie Wasser trinken. Manche Tränken, wie diese Stelle des Maraflusses im Musiaradreieck (Bild links), werden fast den ganzen Tag über von Elefanten besucht.

Der Nachwuchs suhlt sich mit Vergnügen in den Schlammlöchern und kleistert sich von oben bis unten mit Matsch ein. Das ist für die Jungen nicht nur eine spaßige Angelegenheit, sondern dient gleichzeitig der Körperpflege.

Für das zarte Grün riskieren die Kolosse so manch einen Balanceakt. Wenn sie sich auf ihre Hinterbeine stellen, erreichen sie mit ihrem langen Rüssel das schmackhafte Blattwerk in bis zu sechs Metern Höhe.

Der Rüssel ist ein äußerst empfindsames Organ, das nicht nur zum Trinken dient, sondern auch für zärtliche Sympathiebekundungen eingesetzt wird.

Unter den wachsamen Augen der Großen tollen die Jungtiere miteinander herum. Dabei wird auch das ein oder andere Mal „Erwachsenenverhalten“ spielerisch nachgemacht.

Bei diesem Scheingefecht drücken die Elefanten ihre Rüsselbasen gegeneinander. Ernst wird es erst, wenn die Bullen Stirn an Stirn stehen.

Immer dicht im Windschatten der Mutter ziehen die Elefantenbabys mit der Herde.

Auch wenn es hier nicht wirklich ernst zur Sache geht, beim Kräftemessen der Bullen wird der Rang ohne größere Verletzungen klargestellt.

Der Umgang mit dem Rüssel erfordert viel Übung. Dieser Halbstarke versucht sich mit Drohgebärden.

Nur Bullen halten sich abseits der Herde auf. Kühe und Jungtiere suchen stets den Schutz der Herde.

Bis zum Abschluss des ersten Lebensjahres kann ein Elefantenbaby ohne anzustoßen unter dem Bauch der Mutter stehen.

An der Tränke herrscht friedliche Stimmung,
Elefant und Impalas kommen sich hier nicht in die Quere.

Beim Trinken scheuen Elefanten keine nassen Füße. Große Elefanten können gut zehn Liter in den Rüssel saugen und lassen den Inhalt dann in den Schlund plätschern.

Am Trittsiegel lässt sich das Alter der Tiere ablesen. Die recht enge netzförmige Zeichnung dieses Elefanten deutet auf ein noch sehr jugendliches Alter.

Zum Schutz vor Insekten und den brennenden Sonnenstrahlen pudern sich die Dickhäuter über und über mit Staub ein, der mit dem Rüssel auf Brust, Rücken und Kopf geschleudert wird.

Der Rüssel ist ein äußerst sensibles Universalwerkzeug, das selbst zarte Pflänzchen zu greifen vermag. Nahrung und Flüssigkeit werden von ihm direkt in den Schlund befördert.

Eigentlich sind Elefanten friedfertige Gesellen, welche Kräfte sie dennoch haben, lassen die Überreste dieses Affenbrotbaumes vermuten.

Ein Riese überragt den anderen: Die meistens wolkenverhangene Spitze des Kilimandscharo erhebt sich über den Lebensraum der Dickhäuter.

Nachdem der Bulle das Weibchen ausführlich beschnuppert hat und ihre Duftstoffe Bereitschaft signalisieren, kommt es zur Paarung, die in weniger als einer Minute vollzogen ist.

Wenn man sich ruhig verhält, sind Elefanten selbst für Menschen in einem Lager meist völlig ungefährlich.

Harmonie wird bei den Elefanten groß geschrieben. Körperkontakte sind zumindest innerhalb der Mutterfamilien mit Jungtieren aller Altersgruppen ganz selbstverständlich.

Im Ngorongorokrater leben nur Elefantenbullen, die sich hier gegen die angriffslustigen Schwarzen Nashörner zu verteidigen haben.

Eine Elefantenmutter betreut ihre Jungen zehn bis zwölf Jahre, selbst wenn inzwischen weitere Junge geboren werden.

Weiblicher Nachwuchs verbringt sein ganzes Leben in der Familie der Mutter. Die männlichen Tiere müssen dagegen mit zwölf bis vierzehn Jahren ihrer eigenen Wege gehen.

Büffel, friedlich oder aggressiv?

Büffel vermitteln uns Menschen ein Bild gewaltiger, dabei gebändigter Kraft. Bei einem Einzeltier imponieren uns dicke Muskelpakete, deren Konturen durch das dunkelbraune Fell selbst dann plastisch hervortreten, wenn das Tier schlammüberkrustet aus der Suhle kommt. Auf Afrikas weiten Savannen, vor allem den Grassavannen lebt die tief dunkelbraune auch Schwarzbüffel genannte Unterart des Büffels. Früher wurde sie als Kaffernbüffel bezeichnet. Wegen des abwertenden Ausdrucks setzt sich jetzt mehr und mehr der Name Kapbüffel durch, der ja auch im wissenschaftlichen Artnamen enthalten ist: Syncerus capensis (obwohl auch gelegentlich [noch] Syncerus caffer benutzt wird). Im tropischen Regenwald gibt es außerdem eine kleinere, heller gefärbte Unterart, den Rot- oder Waldbüffel. Dieser hat im Vergleich zu seinen Verwandten aus dem offenen Land mit den mächtigen, ausladenden Hörnern deutlich enger stehende, nach hinten gebogene Hörner, die ihn beim Marsch durch dichte Vegetation des Waldes nicht so behindern.

Am Beispiel des Büffelhorns wollen wir ganz allgemein ein paar Worte über die Bedeutung der Stirnwaffen äußern. Hörner sind Waffen. Keine Frage. Aber von wenigen Ausnahmen abgesehen dienen sie den Hornträgern, das ist die korrekte Bezeichnung für alle „Antilopen", keineswegs der Verteidigung gegen Feinde oder dem Töten von Beutetieren. Die ungeheure Vielfalt von Hörner, die in der Natur entstanden sind, werden in allererster Linie bei Rangordnungskämpfen unter Artgenossen benötigt. Sie spielen sich bei vielen Tierarten als Schiebekämpfe ab. Der Ranghöhere drückt den Gegner Stirn gegen Stirn zurück, bis der Unterlegene aufgibt und dann meist flieht. So läuft das auch bei zwei anderen Vertretern der Big Five. Auch die Stoßzähne der Elefanten und die Nasenhörner der Rhinozerosse sorgen dafür, dass die Köpfe der Kontrahenten nicht aneinander abgleiten. Bei so gefährlichen Waffen kann bei solch einem Kräftemessen ein Abrutschen gelegentlich versehentlich schwere Verletzungen oder sehr selten sogar Todesfälle hervorrufen.

Die Sozialstruktur der Büffel ist vielfältig. In großen nomadisierenden Herden sind beide Geschlechter gemischt vertreten. Es gibt darüber hinaus kleine Gruppen von Bullen, die meist sesshaft sind. Wenn wir heute in Botswana oder Sambia eine Büffelherde von 2.000 Tieren in einer geschlossenen Herde verfolgen, können wir feststellen, dass sie sich nach ein paar Tagen aufgespalten hat in zwei, drei oder noch mehr kleinere Gruppen zu jeweils ein paar hundert Tieren. Zu späteren Gelegenheiten, vielleicht angelockt durch hervorragende Weidegründe, können sich diese Gruppen wieder zusammenschließen. Jede Herde besteht aus kleineren Einheiten in Form von Familien. Vor allem die weiblichen Büffel bilden innerhalb der Herde Kerngruppen. Diese Weibchen sind meist miteinander verwandt. Oft gesellt sich in lockerem Zusammenschluss ein Bulle zu ihnen. Manche Jungstiere verweilen für eine bestimmte Zeit bei ihren Mutterfamilien, dann aber gehen sie auch wieder allein ihrer Wege innerhalb des Verbandes, vielfach am äußeren Rand einer Büffelherde.

Im Zusammenleben aller Herden und auch bei anderen gesellig lebenden Tierarten findet man eine auch an anderer Stelle erwähnte Nutzen-Kosten-Rechnung. Ist das Leben in unterschiedlich strukturierten Herden für das einzelne Herdenmitglied kostengünstiger als das Alleinleben? Bringt es etwas ein? Welche Herdengröße wirft den größten Nutzen ab? Kleine Gruppen? Riesenherden? Innerhalb der Herden gibt es eine deutliche Arbeitsteilung. Bestimmte Tiere übernehmen bestimmte Aufgaben. Diese richten sich nach ihrem Alter, ihrer Rangstellung, ihrem Geschlecht oder beispielsweise danach, ob die Kühe Junge führen oder nicht. Geschlechtsreife Kühe haben nicht in jedem Jahr ein Kalb. Sie können während der Paarungsbereitschaft krank gewesen sein oder ihr Kalb verloren haben. Auch eine allgemein schlechte Konstitution oder Kondition verhindert oft, dass eine Kuh trächtig wird. Kühe ohne Kälber können Gemeinschaftsaufgaben in der Herde übernehmen.

Für jede Tierart hat die Entwicklungsgeschichte den günstigsten Weg gewählt, Voraussetzungen zu schaffen, durch die das Leben am besten zu bewältigen ist. Die jeweilige Entscheidung der Evolution ist unlösbar mit den äußeren Bedingungen des Lebensraumes, also der ökologischen Situation verbunden. Was unter den vorgegebenen Verhältnissen am erfolgreichsten ist, setzt sich durch.

Unter den Büffeln findet man außer der Familienherde noch eine grundsätzlich andere Struktur: Gruppen von Alten. Bejahrte Bullen sondern sich im Herbst ihres Lebens von den großen Herden ab. Sie werden keineswegs ausgestoßen, vielmehr ziehen sie sich aus eigener Initiative aufs Altenteil zurück. Das Herdenleben reicht ihnen. Oft bleiben sie dann ortsfest an günstigen Plätzen mit guter Weide und dauerhaften Wasservorkommen. Einzelne solcher Senioren treffen wir Jahr für Jahr am selben Ort. Dort stehen oder liegen sie wiederkäuend und sehen aus wie große, friedliche, dunkle Hauskühe. Aber wehe! Sie sind sehr aggressiv und verursachen manchen Unfall, weil sie nicht ernst genommen werden. An einigen Stellen im südlichen Afrika schließen sich alte Männchen nicht nur zu Kleingruppen zusammen sondern auch zu Herden von Dutzenden alter Bullen, die dann oft nicht sesshaft sind sondern nomadisieren.

Eine Herde kann man mit allen Sinnesorganen wahrnehmen. Ehe wir sie sehen, zieht uns ihr Geruch in die Nase. Ein wenig erinnert der Duft einer Büffelherde an jene Plätze auf Rinderweiden, auf denen in unserer Kindheit die Kühe im Freien von Hand gemolken wurden. Er mischt sich mit dem Duft, den wir von zu Hause nach dem Mähen des Zierrasens kennen. Büffel sind reine Grasfresser. Ihr Geruch verkörpert für uns symbolhaft Wildnis, Weite und Savanne. Büffel besitzen im Gegensatz zu vielen anderen Säugetieren keine geruchsbildenden Drüsen. Der Geruch, der eine Herde begleitet, kommt

vor allem durch die reichlichen Ausscheidungen der unverdaulichen Nahrungsbestandteile. Büffel verzehren gewaltige Mengen Gras und ganz gelegentlich auch etwas Laub. Als Nomaden ziehen sie immer dorthin, wo sie gute Weide erwarten. Sie trinken täglich um die 30 Liter Wasser. Viel von dem verlässt den Körper wieder durch den Darm. Ihr daher flüssig-breiiger Kot riecht infolgedessen viel stärker als die trockenen Kotpillen oder -äpfel der meisten anderen Pflanzenfresser. Bei solchen Einfuhrmengen und durch die Konsistenz ihrer Exkremente entsteht schon ein intensiver Geruch. Ihre Kotfladen zeigen, wo eine Herde über die Straße gegangen ist.

Büffel kann man auch hören. Tiefes Muhen der Kühe und helles Blöken der Kälber mischt sich mit den klackenden Geräuschen der mächtig ausladenden Hörner beim Zusammenschlagen. Büffel verfügen über ein Repertoire von etwa zehn gut unterscheidbaren Lautäußerungen, die ganz unterschiedliche Bedeutung haben. So gibt es ein 'Aufbruchsblöken', wenn sich eine ruhende Herde in Bewegung setzen will. Mehrfach wiederholtes 'Wassergrunzen' ist kurz vor der Tränke und während des Aufenthaltes am Wasser zu hören. Mutter und Kalb verständigen sich durch besondere, beinahe etwas sanft klingende Laute. Ein tiefer, grunzender Warnruf wird besonders bei Annäherung von Löwen benutzt.

Oftmals schmeckt man den Staub, ihren fast ständigen Begleiter. Nicht selten spürt man den vibrierenden Boden, wenn eine Herde von mehreren hundert Tieren durch den Busch donnert. Zu sehen bekommt man zunächst oft einen Flock von Kuhreihern, der mit der Herde zieht. Aber dann! Plötzlich stehen sie neben uns, frontal oder breitseits, dem Fahrzeug mit uns Menschen zugewandt. Sie umringen uns. Wie eine Mauer stehen sie vor, neben und hinter uns. Sie zeigen skeptische Aufmerksamkeit gegenüber uns Eindringlingen. Dabei sind sie selbstsicher und erkennbar wehrbereit. Ein paar Tiere sind immer aufmerksam, dabei aber immer bedächtig. Wenn wir ihnen zu nahe kommen, schlendern sie - so wirkt es auf uns - widerwillig, loyal oder gnädig beiseite. Sie wollen keinen Streit. Wenn sie gestört werden oder Gefahr vermuten, läuft wieder einmal unterbewusst eine Nutzen-Kosten-Rechnung ab, wie wir sie schon bei der Frage der Geselligkeit abgehandelt haben. Sie spielt bei den meisten Tierarten und für viele Bereiche des Lebens eine wichtige Rolle. Es kostet viel Energie, einen Feind anzugreifen oder in die Flucht zu schlagen. Was bringt dieser Aufwand ein? Genügt es nicht, einfach stehenzubleiben? Ein imposanter Körper schreckt doch manchen Feind ab? Oder reicht es nicht aus, etwa durch Kopfheben oder Schnaufen anzuzeigen, dass man wachsam ist? Auch ein vermeintlicher oder tatsächlicher Angreifer muss die Situation richtig einschätzen. Ob er angreifen soll oder lieber nicht. Ein erfolgloser Angriff kostet Kraft und bringt nichts ein. Dasselbe gilt für die Flucht. Auch sie ist meist recht energieaufwendig. Für Herdentiere ist es in diesem Zusammenhang wichtig, erfahrene Führer zu haben. Die müssen ihrerseits vor allem diese Nutzen-Kosten-Überlegungen instinktiv perfekt beherrschen. Die Mächtigen müssen das Vertrauen der ganzen Herde haben. Wer den bewährten Regeln der Gemeinschaft nicht gehorcht - den bestraft die Natur. Oft genug haben wir gesehen, dass Tiere, die panisch den Gruppenverband verlassen, Opfer von Raubtieren wurden. Das Bei-der-Herde-Bleiben sichert das Überleben besser als ein Alleingang. Selbst wenn auf Leittiere kein Verlass ist - oder wenn diese ausfallen - bietet das Gruppenverhalten der sozialen Gruppe den besten Schutz.

Die Organisation einer wandernden Büffelherde lässt Mütter mit Kälbern in der Mitte marschieren. Voraus ziehen meist Jungbullen, manchmal auch ein paar ältere Stiere, gelegentlich auch kinderlose Kühe. Den Flankenschutz übernehmen Jungbullen, in der Nachhut sieht man neben den pflichtgetreuen jungen Bullen träge Nachzügler und Trödler. Wer das Tempo nicht halten kann, bleibt zurück. Die Karawane zieht weiter.

Wenn marschiert wird, wird marschiert. Auf Fußkranke oder Trödler nimmt die Herde keine Rücksicht. Sie müssen zurückbleiben. Dann drohen ihnen allerlei Gefahren. Da ist die Auslese unbarmherzig auf Gesundheit ausgerichtet. Wenn ein Fluss überquert wird, gibt's kein Pardon. Hinein! Alle müssen sich fügen, auch wenn das Wasser kalt ist oder tief. Starke Strömung oder hungrige Krokodile müssen in Kauf genommen werden. Anders als bei Gnus oder Zebras herrscht bei Büffeln während einer Flussdurchquerung keine Hektik. Büffel waten so lange sie Grund unter den Hufen haben, langsam tief ins Wasser. Wenn sie schwimmen müssen, geschieht das ohne besondere Aufregung. Ist das andere Ufer erreicht, wartet in diesem Fall die Herde, bis die letzten Mitglieder aufgeschlossen haben. Dann erst geht es weiter.

Kommt eine Herde wegen einer vermeintlichen Gefahr zum Stehen, schreiten die Tiere vom Flankenschutz, von der Vorausabteilung oder der Nachhut mit hoch erhobenem Kopf ein paar Schritte auf die vermeintliche Gefahr zu. Wenn wir nicht weiterfahren, was die Büffel als Flucht ansehen würden, blicken Mensch und Tier einander minutenlang unverwandt an. Beobachten wir sie länger, beginnen die Büffel wieder ihre letzten Aktionen. Wir können alles, was geschieht, jetzt in Ruhe beobachten, wie sie grasen, Kälber säugen, kleine Scharmützel austragen, sich im Matsch oder Staub suhlen oder sich oft nur für ein paar Minuten zum Wiederkäuen niederlegen. Sie halten oft nur einen geringen Individualabstand ein. Wenn sie ruhend und wiederkäuend liegen, berühren sich ihre Körper sogar gelegentlich.

Was hat es eigentlich mit dem Wiederkäuen auf sich? Es sieht so behäbig und friedlich aus, wenn die Kiefer in gleichmäßigem Rhythmus mahlen. Man hat das Gefühl, es geschähe geradezu andachtsvoll und konzentriert. Nach längerem ungestörten Grasen oder Weiden haben die Wiederkäuer ihre Mägen gut gefüllt. Jetzt kommt als Fortsetzung der Nahrungsaufnahme ein Weiterverarbeitungsprozess. Das vor Stunden abgerupfte, unzerkaut verschluckte Gras oder Laub wird nun hochgewürgt. Dieser flüssige Brei enthält dabei teilweise bis zu 12 cm lange Stückchen. Nun erst wird er 'richtig' durchgekaut und mit Speichel vermischt, bis er flüssig wird. Dann erst wird er abgeschluckt. Sogleich kommt dann aus einem anderen Magenteil die nächste Portion nach oben. Kauen, Schlucken, Nachschub hochwürgen, Kauen und wieder Schlucken. Portion für Portion folgt, 'die nächste kommt, wenn die vorige vorbei ist'. Jedes Tier kaut über Stunden gleichförmig immer mit dem Unterkiefer von links nach rechts oder umgekehrt. Es gibt Linkskauer und Rechtskauer. Für die weitere Aufschlüsselung der Zellulose und ihre Verdauung sorgen Kleinlebewesen in den Magenkammern und in den Därmen.

Büffeln an der Tränke zuzusehen, ist besonders bei großen Herden ein unvergeßliches Schauspiel. Alles geht ohne Hektik. Büffel sind schnelle Trinker. Sobald die ersten satt getrunken sind, machen sie sich auf den Rückweg. Wenn sie denselben Weg zurückgehen, den sie in etwas flotterem Tempo gekommen sind, marschieren fortziehende und nachrückende aneinander vorbei wie bei einem Tattoo. Da begegnen sich Tiere, die einander sonst meiden. Mit einem kurzen, von grunzenden Lauten begleitetem Geplänkel wird dann die Abneigung zum Ausdruck gebracht. Das stört die Choreographie und ärgert friedliche Tränkenbesucher. Manchmal freilich zieht die Herde nicht denselben Weg zurück, sondern wendet sich in andere Richtung. Immer warten alle, bis der letzte das Trinken beendet hat.

Auf den ersten Blick werden solche unauffälligen Besonderheiten oft nicht bemerkt. Der Gesamteindruck lässt für Einzelheiten keinen Raum. Wir schauen zunächst mit den Augen und dann mit der Seele. Nüchterne Analysen der Geschehnisse muss man erst einmal lernen, überhaupt zu erkennen und dann erst zu deuten. Es erhöht die Liebe zur Natur, wenn man ihre Vielfalt im Detail begreift.

Der wissenschaftliche Gattungsname *Syncerus* (zusammengewachsene Hörner) ist auf die gewaltigen Hornplatten zurückzuführen, die in der Mitte zusammengewachsen sind.

Eine Gabelracke nutzt das Horn eines verendeten Büffels als Aussichtsplatz.

Den Leoparden im Baum haben die ausgewachsenen Büffel kaum zu fürchten. Ihre Feinde schlagen sie normalerweise wirkungsvoll in die Flucht. Der Leopard wird höchstens neugeborenen Kälbern gefährlich.

Tauchen Kuhreiher auf, sind die Büffel oft nicht weit. Sie jagen den aufgescheuchten Insekten nach.

Eine dicke, verkrustete Schlammschicht verschließt kleine Wunden und bietet Schutz vor lästigen Parasiten.

Büffel fressen hauptsächlich Gräser oder Kräuter
und sind vor allem in der Grassavanne zu Hause.

Bei diesem Büffelbullen nimmt
ein Gelbschnabelmadenhacker
getrocknete Tränenflüssigkeit auf.

Diese Büffelschnauze bietet dem
Madenhacker eine reichhaltige Mahlzeit.

Die groben Strukturen der Hörner verhindern
beim Schiebekampf, dass die Köpfe voneinander abgleiten.

Der Büffel bevorzugt ein Gelände, in dem neben offenem Weideland auch schützende Dickichte, Röhrichte, Sumpf und Wasser vorhanden sind.

Die Büffel verzehren gewaltige Mengen schwer verdauliches Gras. Immer wieder müssen sie zum Wiederkäuen Pausen einlegen.

Obwohl Büffel sehr anpassungsfähig sind, benötigen sie täglich Wasser zum Trinken und Suhlen.

Die Körperpflege mit Schlamm ist zwar nicht gerade eine Schönheitskur, aber die pflegende Wirkung verfehlt es nicht. Und selbst in diesem Aufzug strahlen die Tiere noch eine selbstbewusste Stärke aus.

Kuhreiher sind die ständigen Begleiter der Büffel. In ihrer Nähe gibt es immer was zu fressen.

Ein junger, unausgefärbter Madenhacker lenkt die Blicke auf sich. Der geschundene Büffel – die Scharte in der Oberlippe ist sicherlich auf einen Kampf zurückzuführen – nimmt von seinem Besucher jedoch nicht weiter Notiz.

nach hinten, der Strahl reicht beim Markieren bis zu zwei Meter weit.
Trotz der Bemühungen, das Territorium von unerwünschten, fremden männlichen Löwen frei zu halten, können Löwenkoalitionen ihre Vormachtstellung im Rudel nicht ewig halten. Jüngere Mähnenlöwen stehen unter dem Druck ihres Erbgutes, dieses vermehren zu wollen. Damit sichern sie sich selbst als Koalitionslöwen ein bequemes Leben, in dem die Löwinnen durch ihre Erfahrungen beim Beuteerwerb den trägen Männern Chancen eröffnen, auch einmal mühelos an gut gefüllte Fleischtöpfe zu gelangen.
Der Weg zu solch einer Pfründe ist ohne Frage mühevoll und gefährlich. Ein Rudel zu übernehmen erfordert Kampf. Bis auf's Blut, das dabei eigentlich immer fließt. Je nach Größe des Rudels können ein bis fünf Löwenmänner im besten Mannesalter die Vorgänger aus dem Feld schlagen. Fünf Neue haben es natürlich leichter, gegen die bisherigen, womöglich nur zwei Koalitionslöwen, in den Ring zu treten. Aber die potenziellen Nachfolger kennen nicht die Stärke der bisherigen Herrscher und vor allem nicht die der Rudellöwinnen und kampffähigen Youngsters im Rudel. Sich stark fühlende, übernahmewillige neue Anwärter auf die Führung werden als solche sofort erkannt, schon an ihrem höchst aggressiven Benehmen. Alle Rudelmitglieder werfen sich in die Schlacht. Die bisherigen Koalitionslöwen bangen um ihre Vormachtstellung. Alte Weibchen haben vom letzten Koalitionswechsel noch die Nase voll. Halbwüchsige schließen sich immer den jeweiligen Strömungen der Gemeinschaft an. Und dann entbrennt der Kampf. Erfolg ist den neuen nur beschieden, wenn sie sich nicht scheuen, Blut fließen zu lassen. Man sehe sich nur einmal die Schmisse im Gesicht eines alten Kämpfers an! Zum Glück fängt die Mähne die Wucht der im Ernstkampf immer von oben geführten Schläge ab. Pardon wird nicht gegeben. Mehrfach haben wir getötete erwachsene Löwen auf solchen Schlachtfeldern gesehen. Gelingt der Coup nicht, ziehen die Aggressoren humpelnd davon. Vielleicht klappt's beim nächsten Mal.
Schaffen es die Neuen, ihre Vorgänger aus dem Amt zu jagen, müssen die Vertriebenen mit ihren steifen Gliedern nun selbst jagen, was sie lange nicht geübt haben. Im eigentlichen Drama solch einer Rudelübernahme spielen Babys die Hauptrolle. Jeder Koalitionslöwe tötet brutal und rücksichtslos jedes Baby, das ihm in die Quere kommt. Mütter, die sich verzweifelt in die Bresche werfen, um ihre Kinder zu retten, haben gegen die neue Koalition keine Chance und werden oft übel zugerichtet. Manche versuchen mit ihren Kindern zu fliehen, doch das gelingt nur selten. In den Tagen solchen Regierungswechsels ist alles in Aufruhr. Der bisherige geregelte Lebensablauf im Rudel weicht für ein paar Tage einem Chaos. Behutsam beschwichtigen neue und alte Rudelmitglieder einander. Wunden werden geleckt. Der Milchstau bereitet den Müttern Beschwerden, bis ihre hormonale Umstellung von einer stillenden Mutter zu einer schnell wieder paarungsbereiten Löwin erfolgt ist.
Wozu nun in drei Teufels Namen so viel urplötzlich förmlich explodierende Gewalt gegen Artgenossen? Löwen fehlt es natürlich an jeglichen moralischen Überlegungen. Ihre Gene geben ihnen Anweisungen für das Töten ihrer jungen Artgenossen. Dieses Erbgut entstand während der Entwicklungsgeschichte und erhielt sich, weil es für die egoistischen Gene der Löwen am günstigsten ist, eigenen Nachwuchs zu zeugen. Wenn Vererbung dem Überleben der Art gelten würde, wie man es früher für unumstößliches Paradigma hielt, müssten alle Löwen sich dafür einsetzen. Aber! Was für die Erhaltung der Art nützlich wäre, bietet den Genen eines einzelnen Löwen keinerlei Vorteil zum Überleben. Denn sie können ja nur dann weitergegeben werden, wenn paarungsbereite Löwinnen zur Verfügung

stehen. Das ist aber nicht der Fall, solange die Weibchen noch Junge großziehen. Erst wenn die Jungen entwöhnt sind, kommt eine Löwin wieder in Paarungsbereitschaft. Bis dahin wären frisch gebackene Koalitionslöwen selbst nicht nur von der Fortpflanzung ausgeschlossen, sondern müssten auch noch Nachkommen mit fremdem Erbgut verteidigen. Durch Töten der Kinder ihrer Vorgänger werden die Weibchen schnell wieder fortpflanzungsbereit und nach 3 - 4 Monaten hätten alle von den neuen Koalitionslöwen Nachwuchs. Weil sie alle etwa zur gleichen Zeit gebären und weil jede Mutter dann für jedes Baby im Rudel Milch zur Verfügung stellte, können Waisen von Tanten oder anderen Verwandten großgezogen werden. So synchronisiert die Tötung von Jungen den ganzen Fortpflanzungs- und Aufzuchtskomplex.

Das unbewusste, biologisch sinnvolle Geschehen dieser Kindestötung ist nicht nur bei Löwen bekannt. Es gibt im Tierreich dafür eine sich ständig vergrößernde Anzahl von Beispielen, selbst aus unserer nächsten tierlichen Verwandtschaft, nämlich von Menschenaffen. Wir müssen uns davon freimachen, das Verhalten der Tiere moralisch zu bewerten. Zu den Höhepunkten bei der Löweneobachtung gehört es, ihnen beim Jagen zuzuschauen. Solche Szenen erlebt man spannungsgeladen geradezu so mit, als wäre man selbst beteiligt. Um die Emotionen richtig zu steuern, muss man sich selbst auf die eine oder andere Seite schlagen, sich selbst mit den Jägern oder den Gejagten identifizieren. Wer vor Beginn der Jagd gerade eine Zebrafamilie mit ein paar Fohlen beobachtet hat, sympathisiert mit den Gestreiften und hofft, dass diese davon kommen. Wer vor der Jagd den süßen hungrigen Löwenbabys zugeschaut hat, wünscht ihnen Jagderfolg. Oft dauert das Geschehen Stunden. Aus menschlicher Perspektive würden wir manches anders machen, bessere Deckung suchen, häufiger einen sichernden Blick in die Runde werfen, jetzt springen, statt auf eine noch bessere Position zu warten. Oder diesen Busch meiden, statt auf die darin versteckte Löwin zuzugehen.

Löwinnen jagen oft zu mehreren allerdings keineswegs nach einem gemeinsamen Plan. Innerhalb so einer Jagdgruppe verfolgt jede Löwin ihre eigene Strategie. Meist beginnt der Hergang mit einer langen Anschleichphase unter Ausnutzung aller Deckungsmöglichkeiten. Die Jäger werden immer flacher, ihre Bewegungen immer langsamer. Sobald das ausersehene Beutetier aufblickt, erstarren die Jäger wie weiland Lots Frau zur Salzsäule. Erst wenn nur noch wenige Sprünge genügen, fliegt die Jägerin davon. Meist ist die Halspartie des Opfers Ziel des mächtigen Gebisses. Klassisch ist der Biss in den Nacken, gelegentlich in die Kehle. Das Beutestück muss zu Boden gebracht werden. Bei Gnus, größeren Antilopen, auch Büffeln und Zebras hängt sich die Löwin an den Hals und zieht das Opfer herunter. Dabei helfen oft herbeieilende Jagdgenossen.

Um einen ausgewachsenen Büffel von den Beinen zu bringen, ist oft das ganze Gewicht eines massigen Mähnenlöwen nötig, der sich dann auch unwillig aber hungrig beteiligt. Aber nur am Zu-Boden-Bringen, alles andere müssen die Löwinnen erledigen. Sobald die Beute tot ist, wird sie von den Männern übernommen. Die erfolgreichen Jägerinnen bekommen ihren Anteil erst, wenn die männlichen Artgenossen satt sind. Und selbst dann wird noch geknurrt und geprügelt. Die schwächsten kriegen nur noch Reste, falls denn noch was überbleibt. Ein männlicher Löwe kann bis zu 40 kg in einer Sitzung verputzen. In einem großen Rudel mit drei oder fünf Koalitionslöwen bleibt von einem Zebra oder Gnu oft nichts übrig. Größere Rudel werden von einem mächtigen Büffel eher satt, denn bei großer Beute ist der Kampf um den besten Platz weniger hitzig. Junge Löwen haben bis zu einem gewissen Grade Narrenfreiheit. Aber die Kleinen haben keinen großen Bedarf.

Alle Weibchen eines Rudels sind miteinander verwandt. Sowohl bei der Jagd als auch bei der Aufsicht und Pflege der Jungen arbeiten sie eng zusammen.

Soziale Kontakte und hier vor allem die gegenseitige Körperpflege stärken die Bindung unter den Weibchen des Rudels. Gelegentliche, kleinere Konflikte aber kommen auch in den besten Familien vor.

Spieltrieb und Neugier ist auch bei jungen Löwen ausgeprägt. Geschwister, Cousins und Cousinen erkunden oft gemeinsam die Umgebung des Lagers.

Aufmerksam beobachtet die Löwin die Umgebung. Nach Sonnenuntergang beginnt für sie die Jagdzeit.

Wie alle Katzen, so wetzen auch die Löwen, wie hier
ein halbwüchsiges Männchen, an Bäumen ihre Krallen.

Alle Tiere der Savanne leiden unter dem Wassermangel während der Trockenzeit. Auch die Löwen müssen dann auf der Suche nach Beute ausgedehnte Streifzüge durch Savannen und trockengefallene Salzpfannen unternehmen.

Ein Inselberg inmitten der Grassavanne bietet einem Löwenrudel für ein paar Tage eine im Wortsinne aussichtsreiche Heimstätte.

Offensichtlich sehr entspannt sieht dieses Rudel dem über die ebene Grassavanne herannahnahenden Wolkenbruch entgegen.

Die Spuren zahlloser Kämpfe um Reviere und Weibchen zeichnen das Gesicht dieses alten Männchens.

Müde vom Nichtstun? Revierverteidigung und Fortpflanzung sind die Hauptaufgaben der männlichen Löwen-Paschas. Nur gelegentlich beteiligen sie sich an der Jagd.

An den Flecken noch gut als jung erkennbare Löwen üben untereinander später lebenswichtige Verhaltensweisen.

Oft wird der Nackenbiß am Abschluß einer Paarung nur angedeutet. Beißt der Löwe tatsächlich zu, reagiert das Weibchen mit unwirrschem Fauchen und zuweilen setzt es auch Ohrfeigen für den „Herrscher“.

Im Schutz der Mutter fühlen sich die Kleinen am Wasserloch ausreichend sicher.

Klettern zählt nicht gerade zu den Spezialdisziplinen der Löwen. Im Spiel aber will so mancher junge Löwe doch mal hoch hinaus.

Aufmerksam behalten die Löwen ihre Umgebung im Blick. Potenzielle Beute, wie eventuell herannahende Rivalen gilt es rechtzeitig zu erkennen.

Folgende Doppelseite:
Am Rande staubiger Halbwüsten legen Löwen auf ihrer Suche nach Beute oft weite Strecken zurück.

Auf den Stämmen umgestürzter Bäume liegt es sich zwar nicht bequem, aber man hat einen guten Ausblick.

Auch wenn die jungen Löwen noch keine Mähnen tragen, erkennt man an ihrem, im Vergleich zu den Weibchen deutlich kräftigeren Körperbau, dass es sich um Männer handelt.

Häufiger körperlicher Kontakt ist eines der wichtigsten Verhaltensmerkmale von in Rudeln lebenden Tieren. Löwen bilden dabei keine Ausnahme.

Mütter und Tanten dienen den verspielten Löwenbabies als Klettergerüst und Ruhekissen.

Im hohen Gras begeben sich die kleinen Löwen auf Erkundungstour. All zu weit aber dürfen sie sich nicht vom Rudel entfernen, zu vielfältig sind die Gefahren.

Immer wieder suchen die Löwenkinder den Körperkontakt zu Erwachsenen. Die Kleinen genießen im Rudel beinahe Narrenfreiheit. Selbst die Paschas kommen mal mehr, mal weniger widerwillig der Aufforderung zum Spiel nach.

Aufmerksam beobachten halbwüchsige Löwen das Geschehen in der Savanne. In den weiten Ebenen Ostafrikas wird jede Erhebung, wie hier ein abgestorbener Baum, genutzt, um sich einen besseren Überblick zu verschaffen.

Vier bis acht Tage dauert die Paarungsbereitschaft der Weibchen an. In dieser Zeit sondern sich die Paare vom Rudel ab. Alle zwanzig bis vierzig Minuten erfolgt dann eine allerdings nur Sekunden dauernde Kopulation. Fühlt sich das Weibchen zu grob behandelt kommt es zwischendurch immer wieder zu kurzen, aber heftigen Auseinandersetzungen.

Durch Flehmen mit einem typischen Gesichtausdruck überprüft dieser Mähnenlöwe Geruchsmarkierungen an einem Grasbüschel.

Die Gurrtaube läßt sich durch den trinkenden Mähnenlöwen gar nicht stören.

Im tolpatschigen Spiel üben Löwenbabys
alle möglichen Bewegungsabläufe.

Während der
Paarungszeit fressen
Löwen fast gar nicht,
trinken allerdings
regelmäßig.

Beute oder Feind? – Man darf spekulieren, was da die ungeteilte Aufmerksamkeit des Löwenrudels auf sich zieht.

Die Beziehung zwischen Löwenmutter und Kind ist nach menschlichen Maßstäben überaus harmonisch und zärtlich. Mit großer Toleranz begegnet die Löwin dem Spieltrieb der Kleinen, die ihrerseits immer wieder den engen Kontakt zur Mutter suchen.

Dem Geruch kommt sowohl bei der Markierung der Reviere als auch bei der Bindung innerhalb des Rudels eine hohe Bedeutung zu. So beschnüffeln sich auch die Rudelmitglieder untereinander immer wieder, besonders dann, wenn sie nach längerer Abwesenheit wieder ins Rudel zurückkehren.

Zeit für Müßiggang und Schlaf finden die Löwen reichlich – manchmal 22 Stunden pro Tag. Besonders nach der Jagd oder der anstrengenden Paarung steigt das Schlafbedürfnis.

Löwen, besonders die Männchen verbringen den größten Teil des Tages dösend.

Junge Löwen sind immer spielbereit.

Nur selten sieht man Löwen auf Bäumen.
Dieser kräftige Stamm aber scheint sich
ideal als Ausguck zu eignen.

Bequem liegt dieser junge Löwenmann dort sicher nicht, aber er hat einen guten Überblick.

Gegenüber ihrem eigenen Nachwuchs sind die Mähnenlöwen in der Regel sehr tolerant. Fremde Jungtiere werden dagegen bei Übernahme eines Rudels gnadenlos umgebracht.

Der große Einfallsreichtum der kleinen Löwen, wenn es um die Entdeckung neuer „Spielzeuge“ geht, stellt die Geduld der Mütter permanent auf eine harte Probe.

Eine entschlossene Büffelherde gegen Löwen – eine einseitige Angelegenheit! Gegen die wehrhaften Wildrinder bleibt den Löwen nur, eilig die Flucht zu ergreifen. Wenn es den Löwen nicht gelingt, ein Tier aus der Herde zu isolieren, sind sie chancenlos gegen die wehrhaften Kraftpakete.

Angesichts einer Phalanx aus schwarzen, hornbewehrten Leibern, bleibt dem Löwenrudel nur der geordnete Rückzug.

Selbst zwei Löwen haben große Mühe einen der Büffel niederzuringen. Nicht immer gehen sie daher als Sieger aus dem vermeintlich ungleichen Kampf hervor.

Mehr Spiel als Ernst – die kleinen Milchzähne des jungen Löwen sind kaum in der Lage die zähe Haut des Büffels zu durchdringen. Erst im Alter von 9 bis 12 Monaten bricht das kräftige Dauergebiss durch.

Ein erwachsener, gesunder Kaffernbüffel vermag sich wirkungsvoll auch gegen Löwen zur Wehr zu setzen. Löwen wagen sich gewöhnlich nur an kranke, alte oder junge Tiere heran. Haben die Raubkatzen ein Tier erwischt, können sie es nur töten, wenn es ihnen gelingt, es an Hals oder Kopf zu packen. Die dicke Haut der Büffel widersteht selbst Klauen und Zähne erwachsener Löwen. Mit einem Biss in die Nase können sie das Opfer ersticken.

Das Töten von gleich zwei Büffeln oder anderen großen Beutetieren unmittelbar nebeneinander geschieht selten. Man spricht von einem Surplus-Killing, denn unter Umständen ist das Rudel gar nicht in der Lage, die plötzlich angefallenen, große Fleischmenge tatsächlich zu nutzen.

Warzenschweine zählen zur bevorzugten Beute einzeln umherziehender, meist junger Löwenmännchen

Löwen fressen durchaus nicht nur, was sie selbst erjagen. Nicht selten bringen sie beispielsweise Geparden um ihre Beute oder sie fressen Aas, wie dieses schon verendet vorgefundene und bereits aufgedunsene Topi.

Erwachsene Zebras werden von Löwen meist durch Herunterziehen und zu Boden bringen am Hals überwältigt.

Eleganz und Schönheit sind gefleckt

Jede Begegnung mit einem frei lebenden Leoparden stellt für uns ein ungewöhnlich faszinierendes Ereignis dar. Es gehört zu den absoluten Highlights einer Safari, gefleckte Katzen in ihrem Lebensraum beobachten zu können. Leoparden aber stechen alle anderen Tiere aus. Wer sie gründlich beobachten oder fotografieren will, braucht mehr Geduld als er bei fast allen anderen Tierarten aufwenden muss. Jeder, dem das gelingt, bleibt für immer diesen eleganten Katzen ergeben. Auch bei flüchtigeren Begegnungen kann man sich ihrer Ausstrahlung nur schwer entziehen. Wir selbst haben das große Glück gehabt, innerhalb der letzten 35 Jahre in vielen Teilen Afrikas immer wieder Leoparden zu begegnen. Insgesamt waren es über 160 verschiedene Individuen, die wir bei allen möglichen Aktivitäten oft sogar lange beobachten konnten.

Selbst Leoparden, die ohne besondere Aktionen nur im Baum oder auf dem Boden ruhen, bezaubern uns durch die Schönheit der Farben ihres gefleckten Fells und durch die Ebenmäßigkeit ihres Körpers. Ob der Gesichtsausdruck hohe Aufmerksamkeit, aufgebrachte Aggressionsbereitschaft oder in sich ruhende Gelassenheit signalisiert, er ist immer unwiderstehlich reizvoll. Einfache, ganz ungerichtete Bewegungen wie Schlendern, Gehen, Laufen oder Springen begeistern durch eine geradezu nobel wirkende Eleganz. Das Zuschauen beim Erklettern eines Baumes oder beim Herabsteigen von einem luftigen Ruhe- oder Futterplatz lässt uns den Atem stocken. Mit höchster Zielsicherheit werden die krallenbewehrten Pranken nur dort platziert, wo sie nicht abrutschen können oder bei einer Reihe von Hin- und Her-Sprüngen vorübergehend ein Widerlager bieten. Wer das Glück hat, mit eigenen Augen sehen zu können, wie ein Leopard ein schweres Beutetier auf einen Baum schleppt, kommt aus dem Staunen nicht heraus. Wenn er dann seine Beute in einer Astgabel so verkeilt, dass sie nicht zu Boden fallen kann, ist verblüffend.

Eine weitere Steigerung der Bewunderung solcher ästhetischen, dynamischen Anblicke eines Leoparden ist kaum vorstellbar, aber dennoch möglich! Unübertrefflich ist nämlich der Einblick in das Mutter-Kind-Verhalten, um nicht geradezu von einem Mutter-Kind-Verhältnis zu sprechen. Wie ungeheuer zärtlich und zugewandt können diese sonst so entschieden einzelgängerisch lebenden Katzen miteinander umgehen! Den tolpatschigen Kleinen gelingen einige Vorhaben nicht nach Wunsch. Sie torkeln und purzeln durch die Welt, stolpern übereinander, spielen ungeschickt einer mit dem anderen oder mit Mutters Schwanz. Und dennoch sieht man bei aller Tolpatschigkeit der Kleinen schon im jüngsten Alter, wie sich die geschmeidige Eleganz der Bewegungen abzeichnet, und welch eine Körperbeherrschung sich hier entwickelt. Geschmeidigkeit und Körperbeherrschung werden Leoparden, wenn sie erwachsen sind, brauchen, um sich als Einzeljäger erfolgreich zu behaupten.

Der Leopard ist als einzige Art der Big Five in seinem Verbreitungsraum keineswegs auf Afrika beschränkt, er ist die Katze, die in der Alten Welt am weitesten verbreitet ist und sich überall auf die Gegebenheiten ihrer Umwelt einstellen konnte. Diese Anpassungsfähigkeit, das Leben im Verborgenen und die Anspruchslosigkeit der Ernährung haben ihm bisher trotz aller Bedrohung das Überleben gesichert.

Als Beute bevorzugt er immer Wildtiere und lässt Haustiere meist zufrieden, was ihn vor einer Verfolgung durch den Siedler oder Farmer bewahrt. Es gibt in Afrika Farmer, die froh sind, wenn sie auf ihren Farmen einen Leoparden haben. Diese kontrollieren nämlich kleinere Raubtiere wie Schakale oder Karakale, die sich oft als Viehdiebe von Lämmern und Geflügel ernähren. Viele Wildtiere auf einer Farm halten Leoparden von der Verfolgung von Farm-Vieh als Beute ab. Wildtiere als typische Beute für Leoparden sind ein guter Puffer gegen den Verlust von Haustieren an den Gefleckten. Viele Wildtiere können also für eine wirtschaftlich arbeitende Farm, so fand ein japanischer Forscher heraus, für diese „von Vorteil sein, weil sie Verluste der Haustierproduktion vermindern.“ Damit verliert der Leopard für die Farmer seinen Schrecken als 'Schadtier', das einer gnadenlosen Verfolgung ausgesetzt sein und immer scheuer und damit unberechenbarer würde.

Manche Leoparden lieben es, den Tag über dösend auf einem Ast zu liegen und nur hin und wieder mal ein Auge in die Umgebung zu riskieren. Und trotzdem hat man das Gefühl, das den erfahrenen Jägern nichts entgeht. Es gibt Leoparden, die nur oder fast nur nachts jagen. Wieder andere haben wir auch bei Tage beim Beutemachen erlebt. Die unendliche Geduld eines Leoparden bei seinem Beuteerwerb stellt uns ungeduldige Menschen beim Zuschauen oft auf harte Proben. Wenn die geschmeidige Katze als klassischer Lauerjäger sich vom Ausguck, sei es ein Baum oder ein Termitenhügel, herab begibt und dann beim Anschleichen immer flacher wird, je näher er lautlos an das erwählte Opfer herankommt, schlägt das jeden Zuschauer in den Bann. Ganz vorsichtig wird ein Bein vor das andere gesetzt und jede Bewegung wird gezielt und umsichtig vorgenommen. Alles, was Deckung bietet, wird ausgenutzt. Man staunt, wie schnell ein Leopard dennoch dabei vorankommt. Die Jagd wird mit einem gezielten und gekonnten Sprung auf das Opfer beendet. Der typische Tötungsbiss erfolgt von hinten in den Nacken oder in die Kehle. Ohne längere Ruhepause wird die Beute sofort auf den nächstliegenden geeigneten Baum geschleppt und dort fest eingekeilt. Wo es keine Bäume gibt, dienen Büsche als Beuteverstecke. Leoparden fangen keineswegs sofort an zu fressen, sondern sichern immer zuerst ihre Beute. Je nach der Größe des Beutetieres braucht der Leopard nun die nächsten Tage nicht zu jagen. Da er nicht wählerisch ist, was die Frische und Güte des erlegten Beutetieres angeht, findet er auch noch nach Tagen immer Essbares an dem oft schon stinkenden und faulenden, von Fliegenmaden übersäten Kadaver. Diese eingekeilten Opfer sind für die Beobachter sichere Zeichen, hier einen Leoparden finden und in Ruhe beobachten zu können. Wir haben oft noch nach Wochen die völlig vertrockneten Reste eines Leopardenkills, manchmal nur die Wirbelsäule oder einen skelettierten Schädel, gefunden.

Der Leopard ist ein Meister des Lebens in absoluter Unauffälligkeit. Man hört und sieht ihn kaum und man muss schon bei der Suche nach ihm auf kleinste Zeichen seiner Anwesenheit achten. Dieses Leben in Heimlichkeit ist gleichzeitig seine Überlebensstrategie in einer Welt von Feinden und Gefahren. Die Wahl seiner Beutetiere richtet sich ganz nach den örtlichen Gegebenheiten, auch das ist ein Teil seiner Überlebenschancen. Da er als Einzeljäger jagt, ist die Größe seiner Opfer begrenzt. Er bevorzugt mittelgroße Hornträger wie Impala, Riedböcke, Gazellen, nimmt aber auch Jungtiere von Zebras, Gnus und Kuhantilopen, verschmäht aber auch Kleinzeug wie Hasen, Perlhühner, ja sogar Reptilien und Frösche nicht. Wir haben einmal in Botswana am

Savutifluß ein Krokodil, das Opfer eines Leoparden geworden war, auf einem Baum verkeilt gesehen. Leoparden nehmen in ihrer Ernährung mit allem vorlieb, was lebt. Einmal beobachteten wir einen Leoparden, der gewissermaßen im Vorbeigehen auf seinem Weg eine Gurrtaube mit einem Prankenhieb tötete und im Weiterschreiten auffraß.

Da Leoparden - wenn möglich - täglich trinken, findet man sie sehr häufig auf den Bäumen am Ufer eines Flüsschens oder eines Korongos, das ist ein manchmal austrocknender Bach in der Savanne. Im übrigen sind Tiere, die sich in Wassernähe konzentrieren, leichtere Beute für Leoparden als in der Savanne verstreute.

Leoparden sind strikte Einzelgänger, die ausgesprochen territorial leben. Die Territorien der männlichen Tiere überlappen häufig diejenigen mehrerer weiblicher Tiere. Eine persönliche Bindung zwischen Männchen und Weibchen besteht bei Leoparden nicht länger, als die Rolligkeit des Weibchens dauert. Wenn nur je ein Weibchen und ein Männchen in einem bestimmten Gebiet leben, mag es sein, dass diese sich in zwei aufeinander folgenden Rolligkeitsperioden miteinander paaren. Das ist aber nicht die Norm. Wir sahen öfter, dass Leoparden, die sich in großem Abstand begegneten und einander wahrnehmen, die Richtung änderten, um nicht aufeinander zu treffen. Allein schon der ferne Anblick eines anderen Leoparden kann beide dazu veranlassen.

Sie markieren ihre Territorien mit Duftmarken und gelegentlich mit Lautäußerungen. Rollige Leopardinnen oder paarungswillige Leopardenmännchen benutzen zum Kennzeichnen ihres jeweiligen Sexualstatus Geruchsstoffe. Diese stammen aus Drüsen neben der Harnröhre und werden mit dem Harn verspritzt. Aber auch aus Felldrüsen stammende Duftstoffe werden dazu benutzt. Leoparden zeigen damit auch die Grenzen ihrer Territorien oder ihrer Streifgebiete an. So reagiert ein männlicher Leopard gleichgültig auf den Geruch von Harn, den ein nicht rolliges Weibchen abgesetzt hat. Er nimmt den Geruch zur Kenntnis und erfährt damit, dass für sexuelle Kontakte keine Aussicht besteht. So ein Männchen wird sogar aufmerksam sein, dem Weibchen nur nicht zu begegnen. Das Bedürfnis, allein zu leben und keine fremden Leoparden zu treffen, ist ausgeprägt.

Die auffälligste Lautäußerung, die Leoparden außer Knurren in verschiedenen Tonhöhen von sich geben, hört sich an wie das rauhe Ricke-Racke einer Säge. Es zeigt Artgenossen und anderen Tieren ihre Gegenwart an. Wahrscheinlich kann eine gewisse Nuancierung dieser Lautäußerungen auch noch Stimmungen bekanntgeben. Dann erfährt die Welt, ob so ein Leopard nun gerade gereizt ist, aggressiv werden könnte oder milde gestimmt ist. Beim Kämpfen fauchen Leoparden. Im Umgang mit ihren Jungen erzeugen sie leise fiepende Rufe.

Jeder Leopard ist eine Persönlichkeit. Wir kennen Leoparden mit unterschiedlichen, sehr individuellen Charaktereigenschaften. Manche erschienen uns scheu, mutig, frech, listig, faul, ängstlich, dreist, feige, freundlich, kühn, aktiv, selbstbewusst, aggressiv, um nur ein paar Beobachtungen in Worte zu fassen. Wir kennen Leoparden mit perfekter Jungenfürsorge, die oft und lange mit ihren Jungen spielten und schmusten. Bei vermeintlicher Gefahr führen sie den Nachwuchs in Sicherheit. Andere kümmern sich wenig um ihre Kinder, fauchen die Jungen mehr an, als mit ihnen zu kuscheln. Einige schleppen ihre Beute gern auf Bäume, andere lieben das gar nicht. Manche jagen nur nachts, andere auch am Tage. Wir müssen solche Eindrücke mit Worten aus unserer menschlichen Sprache belegen - weil wir keine andere zur Verfügung haben. Damit wollen wir nur beschreiben, wie Leoparden auf uns Menschen wirken. Mit unseren Worten sind nie Bewertungen gemeint. Aus Sicht der

Tiere gibt es ja auch keine solchen Kategorien wie kühn, feige oder freundlich.

In den ersten Jahren unserer Tierbeobachtungen war uns unklar, dass und auf welche Art und Weise sich so krasse Unterschiede im Verhalten ein und derselben Art haben entwickeln können. Wir beobachteten, dass nicht nur verschiedene Tiere, sondern sogar ein und dieselben Individuen ihr Verhalten änderten. Das geschah in Abhängigkeit von ihrem Lebensalter, aber auch in jahreszeitlichen Schwankungen. Es gibt wissenschaftlich orientierte Vorstellungen, nach denen alle geistigen Leistungen der Tiere und der Menschen erlernt seien, also im Laufe der Entwicklung erworben würden. Dazu rechnet man auch alle Verhaltensweisen. Als solche äußeren Einflüsse zählen auch persönliche Lebenserfahrungen der einzelnen Tiere.

Eine langsam verschwindende Lehrmeinung einer wissenschaftlichen Schule in den USA geht davon aus, alle Eigenschaften seien ausschließlich erblich bedingt und deshalb recht starr. Jahrelang erhoben sich zu diesem Komplex für uns früher Fragen über Fragen. Bekommen Leoparden die Technik der 'Katzenwäsche' mit dem putzenden Belecken des Körpers, vor allem des Vorderkörpers, von Artgenossen vorgemacht? Oder ist ihnen dieses Verhalten mit dem Erbgut überkommen? Müssen junge Leoparden das Erklettern von Bäumen oder das Sich-Verbergen vor Löwen oder Pavianen lernen? Müssen sie es gar aktiv gelehrt bekommen? Von der Mutter? Weisen ihre Gene sie an, wie sie eine Beute unter Ausnutzung von Deckung anschleichen müssen, wie sie eine Gazelle fangen, ein Impala überwältigen oder einen Hasen töten müssen? Wer informiert sie, auf welche Weise sie Beute auf einen Baum hoch schleppen müssen, wie man diese in einer Astgabel sicher verkeilt? Wird Territorialverhalten erlernt? Oder kann jeder Leopard das alles ohne fremde Anleitung? Was ist letztlich ererbt und in jugendlichem Alter nur trainingsbedürftig und was muss Generation für Generation neu erlernt werden? Heute weiß man, dass die Wurzeln des Erscheinungsbildes eines Tieres und seines Verhaltens nicht nur im Erbgut zu suchen sind. Vielmehr nimmt die Umwelt darauf Einfluss, welche Eigenschaften letztlich ein Tier charakterisieren. Dabei setzt das Erbgut Grenzen, die durch noch so starke Umwelteinflüsse nicht überschritten werden können. Soweit es die durch das Erbgut vorgegebenen Möglichkeiten zulassen, passt sich ein Lebewesen den vorgefundenen Umweltbedingungen an. Selbst wenn sich diese wandeln, kann noch Freiraum für weitere Anpassungen vorhanden sein.

Neben Informationen aus dem Erbgut und Zwängen zur Anpassung an die Umwelt, gibt es eine weitere Möglichkeit, die Fähigkeiten eines Tieres zu formen: die sogenannte tradigene Weitergabe von Anweisungen an das Einzeltier. In gewissem Sinne müssen durch Tradition weitergegebene Informationen, die auch Meme genannt werden, von Artgenossen als Sonderform der Umwelteinflüsse angesehen werden. Denn Traditionsgeber gehören zur normalen Umwelt eines Tieres. Ein gutes Beispiel für Tradierung ist die Gewohnheit mancher Löwengruppen, auf Bäume zu klettern. Die zur gleichen Gattung gehörigen Leoparden können das bereits als Babys und tun das auch. Im Prinzip hat jeder Löwe die Fähigkeit ererbt, einen Baum zu erklimmen. Dennoch tun das nur Löwen ganz bestimmter Rudel. Sie verhalten sich so, wie (und weil) das traditionell alle anderen Mitglieder ihres Rudels auch machen.

Kombination der Lebensanweisungen durch Erbgut und Umwelt zeigt von Art zu Art ein unterschiedliches Ausmaß. Bei Tierarten mit leistungsfähigen Gehirnen ist auch innerhalb derselben Art eine deutliche Varietät von Individuum zu Individuum festzustellen. Das erklärt Unterschiede der Art und Weise, wie ein Einzeltier sein Leben bewältigt.

Mutter und Kind halten engen körperlichen Kontakt. Vor kleinen Entdeckungstouren, etwa auf einen umgestürzten Baumstamm, schreckt das neun Wochen alte Leopardenmädchen aber auch nicht zurück.

Beim Anschleichen wird der Raubtierkörper immer flacher. Mit ihrer Fellzeichnung sind die Tiere nicht nur in Licht- und Schattenflecken, sondern auch im hohen Gras gut getarnt.

Die Gesichter der Raubkatzen können am individuellen Fleckenmuster und auch an der Anordnung der Bart-Tasthaare unterschieden werden. Besonders der Bereich zwischen und über den Augen ist charakteristisch.

Als begnadete Kletterer kommen die Raubkatzen hoch hinaus. Selbst die dünnen Äste in einer Baumkrone tragen und verbergen einen jungen Leoparden, wenn sie genügend dicht stehen. Schon ab der zehnten Lebenswoche können die Kleinen auf Bäume steigen. Nur dort sind sie in Gefahrensituationen sicher.

Ein Platz für Raubtierträume: Bevorzugt auf dicken, waagerechten Ästen halten Leoparden oft stundenlang Siesta. Was derweil im Erdgeschoss passiert, entgeht ihnen trotz aller entspannter Schläfrigkeit selten. Wenn es einen guten Grund gibt – eine potenzielle Beute etwa –, sind sie wie der Blitz vom Baum herunter.

Zwei kleine Leopardenbabys sind ständig zum Spielen aufgelegt und balgen miteinander in einem wilden Knäuel. Selbst wenn die Mutter mitmacht, durchmustert sie regelmäßig die Umgebung auf Gefahren.

Fehlen geeignete Bäume, legt sich ein Leopard zum Ausruhen auch schon einmal ins Gras.

Spielerisch wird auch schon mal die Mutter mit den Krallen attackiert. Doch wenn sie das Kleine im Nacken packt,...

...hält das zappelige Bündel plötzlich ganz still. Die so genannte Tragstarre ist vor allem in den ersten Lebenswochen hilfreich. Dann schleppt die Mutter ihre Kinder regelmäßig in neue Verstecke.

Unter Mutters Aufsicht können halbwüchsige Leoparden unbekümmert toben und vollführen allerlei Kapriolen.

Erst die Messer wetzen und dann den Starken markieren: Zum so genannten Komfortverhalten gehört es, mit scharfen Krallen Baumrinde anzukratzen. Das Drohen mit den entblößten Zähnen verfehlt seine Wirkung bestimmt nicht.

Das Klettern in den Felsen erfordert
viel Aufmerksamkeit und Spannkraft.
Folgende Doppelseite: In einem Inselberg bieten
sich ideale Höhlen, vor denen Morgen-
und Abendsonne gähnend genossen werden.
Leoparden nutzen gerne solche Unterschlupfe,
um dort ihre Jungen zu gebären.

Bäume sind in der Savanne wie Aussichtstürme und für Leoparden ideale Ansitzplätze, um nach Beute Ausschau zu halten. Die Raubkatzen verbringen oft viele Stunden des Tages in einer Astgabel. Dabei wechseln sie zwischen Schlafen, Dösen und gespannter Aufmerksamkeit. An ihrem Gesicht ist die aktuelle Gefühlslage immer gut abzulesen.

Bevor sich ein Leopard zur Jagd entschließt, inspiziert er erst sorgfältig die Lage. Sind die Aussichten zu schlecht, verschwendet er seine Energie nicht unnötig

Die Impalas sind aufmerksam, brauchen aber von einem so offen daher-schlendernden Leoparden keine Angst zu haben. Es bleibt genug Zeit zur Flucht.

Lange Jahre eine der Berühmtheiten im kenianischen Masai Mara Nationalpark. Wegen ihres gekappten Schwanzes wurde die gefleckte Leopardendame Half Tail genannt. 1999 tötete ein Masai-Hirte das Tier, als es seine Ziegenherde angriff.

Das Fleckenmuster des Fells löst die Körperumrisse auf und hilft beim Anschleichen an ein Beutetier.

Ein kurzer Sprint beendet erfolgreich die Jagd auf einen Thomsongazellenbock. Obwohl sie im offenen, deckungslosen Gelände anpirschen musste, kam die Raubkatze bis auf zwei Meter an das ahnunglose Opfer heran. Erst dann schreckt der Bock hoch. Zu spät. Nach wenigen Metern ist er überwältigt, und ein gezielter Biss in die Kehle macht ihm den Garaus.

Um die Beute vor Löwen und Hyänen in Sicherheit zu bringen, wird sie mit erstaunlicher Geschicklichkeit auf einen Baum geschleppt und dort verkeilt. In der luftigen Speisekammer stört kein Beuteneider. Die wenig wählerischen Leoparden finden selbst noch nach mehreren Tagen etwas Fressbares an dem faulenden Kadaver.

Nashörner, cholerische oder sanftmütige Ungetüme

Obwohl alle heute lebenden Nashörner erdgeschichtlich keineswegs besonders alt sind und bestimmt nicht der Urzeit entstammen, wirken sie auf den ersten Blick urig. Die beiden afrikanischen Arten sind entwicklungsgeschichtlich die jüngsten. Zwei 'Hörner' als Waffen am Kopf sind ja nicht so ungewöhnlich, jedenfalls sofern eines neben dem anderen steht. Aber so hintereinander angeordnet, wirken sie schon drollig. Und dann der gedrungene Körperbau. Die beiden zu den Big Five gehörigen Nashornarten sind typische Afrikaner, es gibt in Asien noch drei nahe Verwandte, das indische Panzernashorn und die hochbedrohten Inselnashörner, das Sumatranashorn und das Javanashorn. Ursprünglich wurde nur das Schwarze Nashorn dem auserwählten Kreis der Big Five zugerechnet. Später reihte man auch das Weiße Nashorn in diese Kategorie ein. Schwarze, auch Spitzmaulnashörner genannt, sind angriffslustig und können daher dem Menschen gefährlich werden. Trotz ihres schweren Körpers können sie bemerkenswert schnell, fast tänzelnd galoppieren. Das Weiße, auch Breitmaulnashorn genannte Rhinozeros ist dagegen sanftmütig und schwer aus der Ruhe zu bringen. Es kann sich dennoch ausgesprochen flink bewegen und galoppieren. Die kolonialen Großwildjäger unterschieden die beiden Arten nicht groß voneinander, für sie war Nashorn gleich Nashorn.

Bei den gedrungenen großen Tieren imponieren zunächst die beiden Hörner auf der Nase, die im übrigen nicht aus Hornsubstanz bestehen und nicht einmal einen knöchernen Kern besitzen. Vielmehr bilden sie sich aus zusammengeklebter Substanz, aus der auch Haare bestehen, vereinfacht sagt man diese Hörner seien zusammengeklebte Haare. Ein mythisch-mystischen Ruf dieser Stirnwaffen brachten das Nashorn an den Rand des Untergangs. Als Material für Dolchgriffe im Jemen und als Medikament zur Fiebersenkung in China sowie zur Steigerung der sexuellen Fähigkeiten der Männer im Fernen Osten wurden und werden diese Hörner teilweise immer noch mit Gold aufgewogen. Die Arzneimittelindustrie hat für alle Effekte, die den Hörnern nachgesagt werden wesentlich wirksamere Mittel entwickelt, dass dafür kein Nashorn sterben muss. Ob der Dolch eines Muslim im Jemen besser, schneller oder humaner tötet, wenn er einen Griff aus dem Horn eines Rhinozerosses hat, bedarf noch einer Untersuchung. Der Beweis, weder Fieber zu senken noch die Manneskraft zu steigern gelang nicht. Gut organisierte Wilderer jedenfalls haben dennoch in wenigen Jahren diese Großsäuger an den Rand der Ausrottung gebracht, nur zur Erlangung der Hörner.

Diese sind sehr unterschiedlich geformt, mal sind sie lang oder dünn, mal kurz oder dick, mal abgerundet oder spitz, mal ist das erste Horn länger, mal das zweite. Sie dienen im übrigen - wie auch fast alle Stirnwaffen bei Huftieren - keineswegs zur Selbstverteidigung gegen Feinde. Vielmehr werden mit ihnen Rangordnungskämpfe unter gleichgeschlechtlichen Artgenossen ausgetragen. Wenn ein Nashorn einen Feind in die Flucht schlagen will - und die Schwarzen Rhinos sind leicht reizbar - rennen sie auf ihn zu. Dann gehen die Hörner voran. Auch wenn sie dabei nur selten als Waffen gebraucht werden, unterstützen sie den gefährlichen Eindruck des heran stürmenden Kolosses. Solche Attacken brechen Nashörner kurz vor der Berührung mit dem Feind ab. Es sind meist Scheinangriffe, die nur einschüchtern sollen, und das tun sie auch. Ein ernsthafter Angriff ist zu aufwendig an Energie und außerdem wie jede feindselige Handlung auch für den Angreifer gefährlich. So sieht das auch aus der Perspektive des Angegriffenen aus, und er gibt meist Fersengeld, wenn ein grauer Gigant so plötzlich und so flink auf ihn zu stürmt. Flucht ist aus Gründen des Energieverbrauches kostengünstiger und vor allem der Gesundheit dienlicher als hartnäckige Verteidigung. Nashörner und ihre Feinde kennen diese betriebswirtschaftlichen Zusammenhänge. Tiere sind keine Menschen!

Das einzelgängerische Schwarze Nashorn lebt von Laub und Kräutern - es ist ein 'Browser'. Das gelegentlich gesellig in kleinen Gruppen lebende Weiße hingegen ist ein Grasfresser, gehört damit zu den 'Grazern'. Mit seinen breiten Lippen erreicht es die ideale Schnittbreite eines Rasenmähers für unsere Ziergärten. Wegen dieser unterschiedlichen Ernährungsweise bewohnen beide Arten ganz verschiedene Biotope. Das Schwarze Nashorn ist im Buschland zu Hause, das Weiße Nashorn ist in der Grassavanne ansässig. Beide Arten sind es gewohnt, täglich zu trinken, so sind die Wasserstellen in einem Gebiet immer ein sicherer Ort, um ein Nashorn zu beobachten. Gelegentlich kann man an Wasserlöchern beide Arten zusammen antreffen, mit Glück sogar in Gesellschaft anderer Arten der Big Five. Wir haben Nashörner unmittelbar neben Büffeln beim Suhlen beobachtet oder im Schlamm eines solchen Platzes in aller Ruhe im Matsch beisammen legen sehen. Büffel pflegen dabei meist wiederzukäuen, Nashörner schlafen dort oft. In der Qualität des Trinkwassers sind Nashörner nicht sehr wählerisch. Allerdings trinken sie meist das noch leidlich klare Wasser, bevor sie ihre Morastorgie beginnen.

Vom Weißen Nashorn gibt es zwei Unterarten, das Südliche, von dem meistens die Rede ist und das im südlichen Afrika noch leidlich häufig vorkommt. Auch diese Unterart war vor Jahrzehnten stark bedroht und am Rande der Ausrottung. Durch strikte Schutzmaßnahmen und strenge Gesetze der südafrikanischen Regierung konnte jedoch die Population gerettet werden. Sie hat sich inzwischen so vergrößert, das sogar Tiere exportiert werden können. Das Nördliche Breitmaulnashorn steht jedoch unmittelbar am Rande der Ausrottung. Sein Verbreitungsgebiet reichte noch vor Jahrzehnten vom südlichen Sudan über das nördliche Uganda bis zum nordöstlichen Kongo. Die Bürgerkriege in Uganda hat nicht ein einziges Tier überlebt. Wir haben 1974 unter der Schreckensherrschaft von Idi Amin, Uganda lange und eingehend besucht und damals noch zwei Nördliche Breitmaulnashörner im Murchison Falls Nationalpark beo-

bachtet. Erst später erfuhren wir, dass sie dort die letzten Tiere ihrer Art waren. Jetzt ist nur noch im Garamba Nationalpark im nördlichen Kongo eine Restpopulation von rund 20 Tieren übrig, von der keine genauen Berichte erhältlich sind und deren Zukunft völlig ungewiss ist.

Bei der zunehmenden Isolierung der noch überlebenden Nashörner wird die Fortpflanzung allein dadurch erschwert, dass die Wahrscheinlichkeit, dass eine fortpflanzungsfähige und -bereite Nashornkuh auf einen Nashornbullen trifft, immer geringer wird. Bei der Paarung lassen sich Nashörner viel Zeit, es braucht eben lange, bis bei einzelgängerisch lebenden Arten die 'Abneigung gegen jeden Artgenossen' überwunden ist. Die Paarung selbst kann sie über

eine halbe Stunde lang beschäftigen. Die Jungtiere werden nach 15-monatiger Tragzeit geboren und bleiben gelegentlich über drei Jahre lang bei der Mutter, auch wenn diese bereits das nächste Kalb geboren hat.

Auf dem Marsch und bei der Nahrungssuche verhalten sich Jungtiere der beiden Arten ganz ungleich. Weiße Nashornbabys gehen vor der Mutter her, die Kinder des Spitzmaulnashorns folgen der Mutter nach. Warum? Nun, auf den weiten Grasflächen entdeckt die Weiße Mutter Gefahren auf große Entfernung und kann dann mit fiependen Rufen ihr Kind zu sich heranrufen, um es zu schützen. Im Buschland können dagegen hinter jedem Strauch tödliche Gefahren für das Kalb lauern. So marschiert bei Schwarzen Nashörnern die Mutter wie ein Panzer voran. Zur Verteidigung gegen Gefahren wird vom Schwarzen Nashorn oft die sogenannte 'Fächerstellung' eingenommen: Mutter und Kind - oder auch Mutter mit beiden Kindern verschiedenen Alters - stellen sich mit dem Hinterteil aneinander, so dass sie nach verschiedenen Richtungen abwehrbereit sind.

Auch in ihrer Sozialstruktur zeigen Afrikas Nashornarten deutliche Unterschiede. Das Schwarze Nashorn lebt strikt einzelgängerisch. Man findet höchstens einmal eine Mutter mit zwei verschieden alten Kindern in einer Gruppe. Auf sehr guten Weidegründen treffen sich zufällig mehrere Tiere, die aber keinen sozialen Zusammenhang besitzen und keine Bindungen miteinander eingehen. Vor 30 Jahren haben wir im Tarangire Nationalpark in Tansania einmal zwölf erwachsene Schwarze Nashörner in einem Sumpf grasen sehen, im Ngorongorokrater in Nordtansania sieht man auch heute noch manchmal neun oder zehn Tiere nebeneinander friedlich grasen. Die Tiere dort werden ständig bewacht. Ergiebige Nahrungsquellen - nicht das Bedürfnis nach Geselligkeit führt sie vorübergehend zusammen.

Das Weiße Nashorn hingegen ist von sich aus etwas geselliger. Bei dieser Art findet man Strukturen mit mehreren locker zusammenlebenden erwachsenen Tieren ohne die Führungsrolle eines Einzeltieres, welchen Geschlechtes auch immer. Noch 2000 fanden wir im Krüger Nationalpark mehrfach fünf Weiße Nashörner beieinander und einmal sogar sechs Tiere.

Nashörner benutzen viele artgemäße Mittel zur gegenseitigen Information, vor allem dazu, Artgenossen von sich fernzuhalten. Dazu ist die wesentlichste Methode das Markieren durch Spritzen mit Harn. In nicht geringer Menge und Häufigkeit wird Harn im Strahl und manchmal als Sprühstrahl waagerecht nach hinten verspritzt. Solch ein Strahl reicht zwei bis drei Meter weit und wird meist gegen Büsche, Baumstämme, Felsen oder andere Gegenstände gerichtet. Dort können Artgenossen dann 'erriechen', welcher Artgenosse hier wann seine Duftmarke abgesetzt hat. Nashornbullen, die ein Territorium errichtet haben und dies kontrollieren, setzen ihren Kot auf immer wieder benutzte Dunghaufen in der Mitte oder an den Grenzen ihrer territorialen Bereiche. Alle Tiere können am Geruch dieser Duftstoffe auch die Zeit abschätzen, die vom Verspritzen des Harns oder Absetzen des Kotes bis zum Wahrnehmen der Düfte vergangen ist. Ein paar Tage alte Markierungen bringen ein Nashorn nicht so schnell dazu, die Gegend zu verlassen. Frische Markierungen dagegen haben die Funktion, ein Nashorn zum Umkehren oder zur Richtungsänderung zu bewegen. Denn es gibt für Nashörner keinen Bedarf, mit Artgenossen zusammenzukommen. Ausgenommen davon sind natürlich Begegnungen zwischen Geschlechtspartnern und zwischen Mutter und Kind.

Auch unter Nashörnern besteht eine Rangordnung. Ein hochrangiges Nashorn wird einem niederrangigen nicht ausweichen wollen. Die Duftmarke eines rangniederen kann daher vom

Hochrangigen unbeachtet bleiben. Kommen sich zwei Artgenossen näher, entscheidet der Rang, wer dem anderen weichen muss. In aller Regel ist die Rangordnung irgendwann einmal ausgekämpft worden und ist damit festgelegt. Lediglich wenn die beiden Aufeinandertreffenden sich längere Zeit nicht gesehen haben und der Rangniedere meint, erstarkt zu sein, kann es zu einem erneuten Kampf kommen. Aber oft genügt dann allein das Imponieren mit erhobenem Kopf, mit ein paar Scheinangriffen, und die alte Rangordnung wird erneut anerkannt. Wenn freilich gekämpft werden muss, um neu zu entscheiden, wer hier das Sagen hat, stellt sich oft ein längeres Geplänkel ein. Dann schreiten die Tiere steifbeinig aufeinander zu und drohen sich mit ihrer vollen Breitseite mit prustenden schrillen Schreien an. Mit gesenktem Kopf starten sie zunächst Scheinangriffe gegeneinander. Dabei rollen sie oft mit den Augen, dass es auf uns Menschen geradezu belustigend wirkt. Durch Gegeneinanderschlagen der Hörner und Schiebekämpfe mit Kopf an Kopf wird ein Turnier ausgefochten. Wir selbst haben solche Auseinandersetzungen für länger als zwei Stunden beobachten können, als es im Amboseli Nationalpark in Kenia noch viele Nashörner gab. Bei solch einem Kampf wird mit den Hörnern selten gestochen.

Vom Weißen Nashorn ist bekannt, dass ranghohe Bullen in ihren ständig markierten und durch Grenzpatrouillen kontrollierten Territorien auch jüngere, sogenannte Satellitenbullen dulden, solange diese sich jeglicher sexueller Betätigungen enthalten. Das geht so weit, dass sie beim Harnlassen keineswegs erlaubt ist, gegen Büsche, Bäume oder Gegenstände zu spritzen oder zu sprühen. Diese Satellitenbullen dürfen sich nicht den Weibchen nähern, keine Markierungen anbringen oder auf irgendeine Weise Paarungsbereitschaft anzeigen. Übertretungen dieser Regel haben Rangordnungskämpfe mit dem Territoriumsbesitzer zur Folge und führen zum Platzverweis aus dem Territorium für immer.

Eine gleiche Duldung rangniederer Männchen in einem festgefügten Territorium gibt es bei Schwarzen Nashörnern nicht. Hin und wieder sieht man mehrere Tiere - auch männlichen Geschlechts - leidlich friedvoll miteinander in der Suhle liegen oder im Buschland nebeneinander fressen. Meist liegen Tränken und Suhlen nicht inmitten von Territorien, sondern an deren Rändern oder auf Niemandsland, über dessen Betreten keiner wacht.

Immerhin brauchen Nashörner es, in der Suhle zu liegen. Einerseits kühlt das ein wenig den Körper in der oft glühenden Hitze, andererseits ist es eine Maßnahme der Körperpflege. Da Nashörner oft von Zecken und anderen Ektoparasiten geplagt werden, ist eine Überkrustung mit trocknendem Schlamm eine Art wohltuenden Verbandes. Madenhacker oder Lappenstare, die Parasiten von der Haut des Nashorns aufpicken und verzehren, sind willkommene Begleiter. Gelegentlich sieht man Nashörner auch von einem Schwarm nahrungssuchender Kuhreiher begleitet. Diese Vögel leben von den Insekten, die von den schweren Tritten der Kolosse aufgescheucht werden. Dabei kommt es durchaus vor, dass die Kuhreiher über längere Strecken auf den Nashörnern reiten. Gerade die Big Five sind Indikatoren für die Lebensqualität der Kuhreiher. Vor 30 Jahren fanden wir an vielen Plätzen in Ost-, Zentral- und im südlichen Afrika etliche große Herden von Büffeln und Elefanten, die von Kuhreihern begleitet wurden und auch Nashörner dienten den kecken weißen Allerweltskerlen als Ansitzwarte zu Erbeutung der von den Großtieren aufgescheuchten Insekten und manch anderer Kleintiere. Der Lebensraum für unsere Big Five schrumpft immer mehr, er ist auch Heimat für Kuhreiher und deren Beutetiere.

Zwei Jahre bleibt ein Nashornjunges in der Obhut seiner Mutter, die ihm Nahrung und Schutz bietet. Entsprechend eng ist die Beziehung zwischen Mutter und Kind. Die etwas gesellige Lebensweise des Breitmaulnashorns (= Weißes Nashorn) ermöglicht es dem Nachwuchs, mit Gleichaltrigen zu spielen.

Das Weiße Nashorn gilt im Vergleich zum Schwarzen als weniger aggressiv. Allzu sehr reizen sollte man es dennoch nicht. Die zwei Tonnen Lebendgewicht können erstaunliche Sprints hinlegen.

Nichts geht über eine schöne Suhle: Von Kopf bis Fuss hilft die Schlammpackung bei der Hautpflege und der Parasitenabwehr. Nur die Rückenpartie bleibt unbehandelt, denn Nashörner können sich nicht ganz herumwälzen. So können die beiden Schildraben das ruhende Breitmaulnashorn als Ansitzwarte nutzen.

Bei Rivalenkämpfen können die langen Nasenhörner tiefe Wunden zufügen. Sie werden später in der Suhle mit einem Schlammverband behandelt.

Mit Dunghaufen markieren Nashörner die Territoriumsgrenzen. Gelegentlich koten sie aber auch nach Bedarf irgendwohin.

Selbst bei einem Scheinangriff legen auch die
Schwarzen Nashörner eine erstaunliche Geschwindigkeit vor.

Die Anordnung der Falten um den Lippenschlitz, besonders um die Nüstern herum, ist ein individuelles, auch von Wissenschaftlern genutztes Unterscheidungsmerkmal.

Sowohl das Schwarze als auch das Weiße
Nashorn zieht es täglich an die Tränke.

Bei der Geburt deutet nur ein weißer Fleck auf der Stirn an, wo das Nasenhorn einmal sprießen wird. Erst nach einigen Jahren wachsen die Horndolche zu stattlicher Größe.

Auch das zweitgrößte Landsäugetier der Erde fängt mal klein an. Die charakteristische Breite der namensgebenden Lippen ist jedoch schon beim Baby gut zu erkennen.

Nashörner scheuern nach jedem Suhlengang den Schlamm ab, um mit ihm auch die Parasiten loszuwerden. Dafür haben sie meist bevorzugte Bäume. Dieses Breitmaulnashorn wetzt sich jedoch an einem Stein.

Auch die Horndolche werden gewetzt. Nach jahrelangem Gebrauch sind die Baumstümpfe ganz blank poliert.

Zwar gelten Breitmaulnashörner als friedlicher als die Spitzmaulnashörner. Das heißt aber nicht, dass es zwischen Breitmaulnashörnern nie zu Rangeleien kommt. Allerdings handelt es sich hier nicht um einen Ernstkampf.

Mutter geht voran und macht die Bahn frei: Ein junges Kalb des Schwarzen Nashorns bleibt in der Regel stets hinter der beschützenden Mutter zurück.

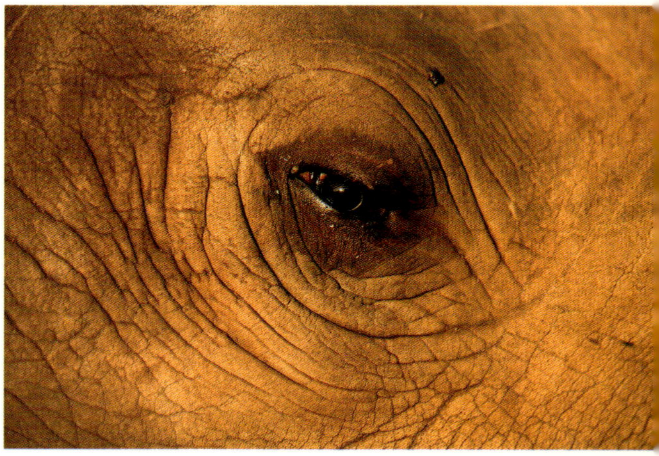

Riechen und Hören können Nashörner gut, Sehen dagegen jedoch schlecht. Wegen der charakteristischen Schnauze schlug Professor Grzimek vor, den missverständlichen Namen „Schwarzes Nashorn“ durch „Spitzlippennashorn“ zu ersetzen.

Bevor dieses wehrhafte Schwarze Nashorn den lichten
Wald betritt, prüft es argwöhnisch, ob irgendeine Gefahr lauert.

Als typischer Browser sucht sich das Schwarze Nashorn selbst in der Grassavanne Kräuter oder kleine Büsche. Gras wird nicht oder nur ausnahmsweise angerührt. Von den hochgescheuchten Insekten profitieren gerne die Kuhreiher, häufige Begleiter von Großtieren.

Mit einem imposanten Sprühstrahl gegen einen Busch markieren Nashörner – wie hier ein Schwarzes – ihr Territorium.

Was nach Schmusen aussieht, muss längst keine Zärtlichkeit sein. Selbst bei der komplizierten Brautwerbung müssen gegenseitige Aggressionen abgebaut werden.

Eine der längsten Paarungen im Tierreich: Bei Nashörnern dauert sie oft eine halbe Stunde und länger.

Die Suhle danach? Jedenfalls kühlt der Schlamm, und die Kruste schützt die Haut vor Sonne und Parasiten.

Die Autoren

Dr. Wally und Dr. Horst Hagen
sind promovierte Physiologen. Das Autorenteam bereist seit über 30 Jahren die Nationalparks und Tierreservate Afrikas. In zahlreichen Büchern und Buchbeiträgen haben sich beide Autoren als Kenner der Tier- und Pflanzenwelt Afrikas einen Namen gemacht.

Die Fotografen

Heinrich van den Berg
vermarktet zusammen mit seinen Eltern seine Bilder. Er gewann bereits als Teenager zahlreiche nationale und internationale Preise und hat nun seinen Beruf als Bauingenieur für ein Leben in der Natur aufgegeben. Seitdem bereiste er Chile, Argentinien, Schweden sowie viele andere Länder und sammelte beim Fotografieren der Camel Trophy 1998 wertvolle Erfahrungen für seine neue Karriere.

Seite 146, 147 oben und unten

Philip van den Berg
widmet sich schon seit vielen Jahren der Naturfotografie. Er war jahrelang im Bereich der Umwelterziehung tätig. Das Fotografieren der afrikanischen Tierwelt hat sich der Südafrikaner inzwischen zum Beruf gemacht. Seine Fotos sind bereits in vielen Ländern publiziert worden und erhielten unter anderem bei mehreren BBC-Wettbewerben Auszeichnungen.

Seite 147 Mitte, 153

Nigel Dennis
Er begann vor über 20 Jahren mit der Naturfotografie. Seit seinem Umzug nach Südafrika Mitte der 80er Jahre verbringt er den größten Teil des Jahres im afrikanischen Busch. Seine Arbeiten werden weltweit in Magazinen veröffentlicht und sind unter anderem in seinem fünften Buch „The Ultimate African Wildlife zu sehen.

Seite 15, 18, 21 Mitte und unten, 28, 29, 30 oben, 31 oben, 32 oben, 36 unten li, 41 unten, 66/67, 68, 74 unten, 75, 82 oben, 83 unten, 84 oben und unten, 85 oben, 88 unten, 94 oben, 95 oben re, 100 unten, 140/141, 160 Mitte und unten re

Roger de la Harpe
Er ist einer der Afrika-Spezialisten und betreibt mit Nigel Dennis eine Bildagentur die über 75.000 Bilder aus Afrika in ihrem Archiv hat. Das Archiv deckt sowohl Menschen als auch den afrikanischen Wildlifebereich ab.

Seite 2, 10, 50, 112/113, 119, 121, 122, 126 li, 132 unten, 138 li

Michel Denis-Huot
Als der Franzose als junger Mann zum ersten Mal nach Kenia reiste, war er überwältigt von der Natur Ostafrikas und beschloss, Naturfotograf zu werden. Seitdem verbringt er viel Zeit auf dem schwarzen Kontinent. Zusammen mit seiner Frau Christine hat er bereits mehrere Bücher über Afrika veröffentlicht.

Seite 4/5, 8, 143, 148, 149 unten, 150, 152, 154, 155, 156 oben und unten li, 157, 158/159, 160 oben, 161, 162, 163, 164, 165

Mitsuaki Iwago
Der Japaner fotografiert seit den 70er Jahren in der ganzen Welt. Inzwischen bereiste er über 70 Länder. Seine Reportagen erschienen unter anderem in National Geographic.

Seite 6/7, 16, 20, 23, 34 oben, 43 oben, 74 oben, 78, 79 unten, 86/87, 89 beide oben, 104, 105, 106, 107 oben und unten li, 111 unten

Günter Lenz
Er reist als Naturfotograf und -filmer rund um den Globus. Die schönsten Plätze der Erde zwischen dem nördlichen Polarkreis und der Antarktis besuchte er für das erfolgreiche Filmprojekt „Faszination Natur".

Seite 11, 38/39

Fritz Pölking
Die Arbeiten des international renommierten Naturfotografen sind vielfach ausgezeichnet, u.a. war er mehrfach deutscher „Naturfotograf des Jahres", „Wildlife Photographer of the Year" und ausgezeichnet im „World Press Photo"-Wettbewerb.

Seite 42, 43 unten, 46, 48, 51 unten, 60, 64, 79 oben, 82 unten, 89 unten, 97 oben, 100 oben, 107 oben und unten re, 110, 111 oben re, 116, 125, 130 li, 131

Norbert Rosing
Er zählt zu den besten Fotografen Deutschlands. Neben einer Vielzahl von Veröffentlichungen seiner Arbeiten in Fachmagazinen und Büchern wurde er einem breitem Publikum mit dem Bildband „Polarbären" bekannt. Viele seiner Bilder wurden auf internationalen Wettbewerben prämiert.

Seite 1, 14, 47, 58/59, 63 oben, 65, 69, 73 oben, 92, 97 unten, 99 oben, 101, 102 unten, 108, 109, 115, 118, 120, 123 unten li, 124, 128/129, 132 oben, 134, 135, 136, 137

Kevin Schafer
Als ehemaliger Biologe arbeitet Kevin Schafer seit 1985 als professioneller Naturfotograf. Der Amerikaner hat sich auf den tropischen Regenwald und die bedrohte Tierwelt in Mittel- und Südamerika spezialisiert. 1997 wurde er beim BG-Wettbewerb mit dem Gerald Durell Award für bedrohte Arten ausgezeichnet.

Seite 12/13, 24 oben und Mitte, 34 unten, 72, 81 oben re, 90 unten, 111 oben li

Gabriele Staebler
Seit über zehn Jahren arbeitet die freiberufliche Fotografin für zahlreiche Verlage. Ihr Spezialgebiet ist die Wildlife-Fotografie in Afrika. Sie erhielt Preise und Auszeichnungen bei internationalen Wettbewerben und präsentiert ihre Arbeiten in Diavorträgen, Büchern und Austellungen.

Seite 21 oben, 22, 24 unten, 26, 30 unten, 32 unten, 36 unten re, 40, 73 oben, 90 Mitte, 95 oben li, 96, 102 oben, 103, 114, 123 oben und unten re, 127, 130 re, 133, 138 re, 139

Stephan Tüngler
Er lebt und arbeitet als Fotograf in Hamburg. Der Diplom-Geologe fand bereits während seines Studiums auf zahlreichen Exkursionen in unterschiedliche Regionen der Erde, seine Berufung in der Naturfotografie.
Im Zentrum seiner fotografischen Arbeit steht in den letzten Jahren die Tierfotografie in den Ländern des südlichen Afrika.

Seite 25, 27, 54/55, 61, 70

Winfried Wisniewski
Der Lehrer an einer Schule für Lernbehinderte hat bei seiner fotografischen Tätigkeit eine Vorliebe für polare und subpolare Lebensräume sowie für die Nationalparke Afrikas entwickelt. 1995 wurde er von der GDT zum Naturfotografen des Jahres gewählt.

Seite 19, 31 unten, 33, 35, 36 oben, 37, 41 oben, 44/45, 51 oben, 52, 53, 56, 57, 62, 63 unten, 76, 77, 80, 81 oben li, unten beide, 93 oben und 93 unten li, 95 unten, 98 unten, 126 re, 142, 144, 149 oben, 151, 156 unten re

Jeremy Woodhouse
Der in Nigeria geborene Naturfotograf zog vor acht Jahren aus Afrika in die texanische Stadt Dallas. Seit einigen Jahren konzentriert er sich voll auf die Panoramafotografie.

Seite 83 oben, 84 Mitte, 85 unten, 88 oben, 90 oben, 91, 93 unten re, 94 unten, 98 oben, 99 unten

Weitere Bildbände aus unserem Programm

Frans Lanting
Okawango
Afrikas letztes Paradies
168 Seiten, 132 Abbildungen
Gebunden, 29,8 x 27,3 cm
ISBN 3-924044-15-5
€ 49,80 / sFr 82,50

Die Mündung des Okawangos im Norden Botswanas, das größte Binnendelta der Welt, liegt inmitten eines ansonsten unwirtlichen Gebiets – in der Wüste Kalahari. Einmal im Jahr werden die Sumpfgebiete von den Wassern des Okawangos überflutet und dieses ausgedehnte Ökosystem zu neuem Leben erweckt. Dann kommt die Zeit, in der sich unzählige Tiere auf der Suche nach dem kostbaren Nass einfinden. Frans Lanting dokumtentiert das Auf und Ab des Lebens in Abhängigkeit vom Wasser. Mit ihm erleben wir Löwen, Nilpferde, Giraffen und besonders die letzten großen Elefantenherden Afrikas. Die Aufnahmen entstanden in unmittelbarer Nähe der Tiere. Er scheute dabei kein Wagnis. Der Lohn sind Fotos, die in ihrer Eindringlichkeit ihresgleichen suchen.

Jim Brandenburg
Bruder Wolf
Das vergessene Versprechen
154 Seiten, 140 Abbildungen
Gebunden, 31,5 x 24 cm
ISBN 3-924044-23-6
€ 45,- / sFr 74,50

Der Wolf, bewundert und gefürchtet – aber nur wenige kennen dieses Tier wirklich. Jim Brandenburg, ein Meister der Fotografie, schafft es mit seinen kraftvollen Bildern und einer hingebungsvollen Erzählkunst, uns zurückzuversetzen zu den Anfängen, als Mensch und Wolf noch „Partner" im Kampf ums Überleben waren. Wir erfahren etwas über die Ursprünge von Hass und Verfolgung dieses Tieres. Nur einem Autor und Fotografen wie Jim Brandenburg konnte es mit seiner ausgeprägten Sensibilität gelingen, die Wahlverwandschaft zwischen Wolf und Mensch so beeindruckend aufzuzeichnen und unsere bisherigen Vorstellungen über den Wolf zurechtzurücken.

Markus Mauthe, Michael Engelhard
Canyonland, Farben der Stille
192 Seiten, 160 lackierte Abbildungen
1 herausnehmbare Karte 83 x 67 cm
Gebunden 30 x 24 cm
ISBN 3-924044-97-X
€ 58,- /sFr 95,80

Die Canyonlands im Südwesten der USA gehören zu den außergewöhnlichsten Naturschätzen des nordamerikanischen Kontinents. Der seit vielen Jahren als Vortragsreferent erfolgreiche Fotograf Markus Mauthe zeigt in seinem Bildband die Klassiker dieser Landschaft, etwa das Monument Valley, den Grand Canyon oder den Bryce Canyon, aber auch weit weniger bekannte Highlights des Colorado Plateaus. Der umfangreiche Begleittext von Michael Engelhard, der die Canyonlands zu seiner Wahlheimat gemacht hat, vermittelt sehr stimmungsvoll den Zauber dieser Felsenwelt. „Canyonland" ist ein Naturbildband, wie es ihn zu diesem Thema bisher nicht gab!